**니어케이프 영어어휘** 베이직 워즈

**니어케이프 영어어휘 베이직 워즈**

| | |
|---|---|
| 발행 | 2022년 6월 7일 |
| 지은이 | 니어케이프 출판부 |
| 발행인 | 민현식 |
| 펴낸곳 | 도서출판 섬달 |
| 출판사동록 | 2022년 1월 7일 제2022-000004호 |
| 주소 | 인천시 연수구 앵고개로 104번 길 22 |
| 전화 | 070-8736-1492 |
| 홈페이지 | http://nearcape.com |
| E-mail | againyourline@gmail.com |
| ISBN | 979-11-977486-9-1 [13740] |
| 가격 | 7,000원 |

**니어케이프 영어어휘** 베이직 워즈

## 구성및 이용안내

1. 단어 QR 코드를 실행시키세요.
교재의 내용이 원어민의 발음으로 재생됩니다.
(100 단어 단위)

2. 단어 테스트 QR 코드를 실행시키세요.
하나의 클립당 10개의 문항, 5단어로 구성되어
50개 단어씩 빠짐없이 체크할 수 있습니다.
(50 단어 단위)

3. 인터넷이 연결되어 있는 곳.
어디서나 휴대폰, PC로 쉬지 말고 암기하세요.

4. YOUTUBE로 암기하는
니어케이프 영어 어휘 베이직 워즈

5. Easy to get, Effecient to get

**수고하신 분들**

기획 – 민병선
YOUTUBE 편집 – 진영귀
감수 – 민현식
교정 – 박인수
디자인 – 김선영
홍보 – 권지성

그외 니어케이프 출판부 여러분 감사합니다.

NEARCAPE BASIC WORDS 50

| | WORDS | MEANING | | WORDS | MEANING |
|---|---|---|---|---|---|
| 1 | adjourn | 휴회하다 | 26 | remark | 알아차리다, 말하다 |
| 2 | admire | 칭찬하다 | 27 | signify | 의미하다 |
| 3 | criticize | 비평하다 | 28 | dissent | 의견이 다르다 |
| 4 | realize | 실현하다 | 29 | symbolize | 상징하다 |
| 5 | astute | 기민한, 빈틈없는 | 30 | urge | 촉구하다 |
| 6 | confidence | 신용, 비밀 | 31 | anxious | 걱정스러운 |
| 7 | argue | 논하다 | 32 | equitable | 올바른 |
| 8 | conceive | 마음에 품다, 상상하다 | 33 | patience | 인내(력) |
| 9 | condemn | 비난하다 | 34 | nervous | 신경질적인 |
| 10 | comment | 논평 | 35 | aptitude | 경향 |
| 11 | censure | 비난 | 36 | attitude | 태도 |
| 12 | convince | 납득시키다 | 37 | exonerate | 비난을 면하게 해주다 |
| 13 | comprehend | 이해하다 | 38 | bother | 괴롭히다 |
| 14 | dialect | 방언 | 39 | dismal | 음울한 |
| 15 | translate | 번역하다 | 40 | character | 특성 |
| 16 | demolish | 파괴하다 | 41 | temper | 기질 |
| 17 | expression | 표현 | 42 | emotion | 감동 |
| 18 | fluent | 유창한 | 43 | extemporaneous | 즉석의 |
| 19 | include | 포함하다 | 44 | experience | 경험 |
| 20 | interpret | ~의 뜻을 해석하다 | 45 | endure | 견디다 |
| 21 | offend | 성나게 하다 | 46 | instinct | 본능 |
| 22 | scold | 꾸짖다 | 47 | humble | 천한 |
| 23 | discharge | 짐을 내리다 | 48 | extricate | 곤경에서 구해주다 |
| 24 | persuade | 설득하다 | 49 | embarrass | 당황하게 하다 |
| 25 | refer | 보내다, 언급하다 | 50 | distress | 심통 |

NEARCAPE BASIC WORDS 100

|  | WORDS | MEANING |  | WORDS | MEANING |
|---|---|---|---|---|---|
| 51 | forfeit | 몰수당하다 | 76 | sympathy | 동정 |
| 52 | modest | 겸손한 | 77 | prohibit | 금하다 |
| 53 | coward | 겁쟁이 | 78 | tedious | 지루한 |
| 54 | personality | 개성 | 79 | stern | 완고한 |
| 55 | annoy | 괴롭히다 | 80 | shame | 부끄럼 |
| 56 | prejudice | 편견 | 81 | merciful | 자비로운 |
| 57 | illegible | 읽기 어려운 | 82 | punctual | 신속한 |
| 58 | arrogant | 거만한 | 83 | furious | 성난 |
| 59 | stubborn | 완고한 | 84 | greedy | 욕심 많은 |
| 60 | timid | 겁 많은 | 85 | weary | 피로한 |
| 61 | value | 가치 | 86 | notorious | 악명 높은 |
| 62 | inadvertently | 무심코 | 87 | conservative | 보수적인 |
| 63 | generous | 관대한 | 88 | rebuke | 신랄하게 비판하다 |
| 64 | astonish | 놀라게 하다 | 89 | favorite | 마음에 드는 것 |
| 65 | cruel | 잔혹한 | 90 | meditate | 명상하다 |
| 66 | tolerate | 관대히 다루다 | 91 | frighten | 두려워하게 하다 |
| 67 | suppose | 가정하다 | 92 | resolve | 용해하다 |
| 68 | upset | 뒤집어엎다 | 93 | certain | 확신하는 |
| 69 | lucrative | 수지맞는 | 94 | transient | 빨리 지나가 버리는 |
| 70 | aggressive | 침략적인 | 95 | impudent | 뻔뻔스러운 |
| 71 | impress | 인상 지우다 | 96 | cache | 은닉처 |
| 72 | undergo | 받다, 겪다 | 97 | distinct | 별개의 |
| 73 | permanent | 지속적인 | 98 | weird | 수상한 |
| 74 | depression | 의기소침 | 99 | obscure | 어두운 |
| 75 | ambitious | 대망을 품은 | 100 | capricious | 변덕스러운 |

NEARCAPE BASIC WORDS TEST 50

1.  (A) 휴회하다
    (B) 실현하다
    (C) 빈틈없는
    (D) 신용
    (E) 논하다

2.  (A) 마음에 품다
    (B) 칭찬하다
    (C) 파괴하다
    (D) 비난하다
    (E) 비평하다

3.  (A) 비난
    (B) 납득시키다
    (C) 이해하다
    (D) 방언
    (E) 번역하다

4.  (A) 논평
    (B) 표현
    (C) 유창한
    (D) ~의 뜻을 해석하다
    (E) 촉구하다

5.  (A) 성나게 하다
    (B) 꾸짖다
    (C) 포함하다
    (D) 짐을 내리다
    (E) 설득하다

6.  (A) 알아차리다
    (B) 의미하다
    (C) 의견이 다르다
    (D) 보내다
    (E) 상징하다

7.  (A) 걱정스러운
    (B) 신경질적인
    (C) 경향
    (D) 태도
    (E) 인내(력)

8.  (A) 올바른
    (B) 괴롭히다
    (C) 음울한
    (D) 특성
    (E) 비난을 면하게 해주다

9.  (A) 기질
    (B) 감동
    (C) 즉석의
    (D) 경험
    (E) 본능

10. (A) 천한
    (B) 곤경에서 구해주다
    (C) 견디다
    (D) 당황하게 하다
    (E) 심통

3

NEARCAPE BASIC WORDS TEST 100

11. (A) 몰수당하다
    (B) 겁쟁이
    (C) 개성
    (D) 괴롭히다
    (E) 겸손한

12. (A) 편견
    (B) 읽기 어려운
    (C) 거만한
    (D) 완고한
    (E) 가치

13. (A) 무심코
    (B) 관대한
    (C) 놀라게 하다
    (D) 겁 많은
    (E) 인상 지우다

14. (A) 잔혹한
    (B) 관대히 다루다
    (C) 가정하다
    (D) 뒤집어엎다
    (E) 수지맞는

15. (A) 침략적인
    (B) 받다
    (C) 지속적인
    (D) 신속한
    (E) 의기소침

16. (A) 대망을 품은
    (B) 동정
    (C) 금하다
    (D) 지루한
    (E) 완고한

17. (A) 부끄럼
    (B) 자비로운
    (C) 성난
    (D) 욕심 많은
    (E) 신랄하게 비판하다

18. (A) 피로한
    (B) 악명 높은
    (C) 명상하다
    (D) 보수적인
    (E) 두려워하게 하다

19. (A) 용해하다
    (B) 수상한
    (C) 확신하는
    (D) 빨리 지나가 버리는
    (E) 뻔뻔스러운

20. (A) 은닉처
    (B) 마음에 드는 것
    (C) 별개의
    (D) 어두운
    (E) 변덕스러운

NEARCAPE BASIC WORDS 150

| | WORDS | MEANING | | WORDS | MEANING |
|---|---|---|---|---|---|
| 101 | keen | 날카로운 | 126 | visible | 보이는 |
| 102 | quiver | 떨리다 | 127 | discourage | 용기를 잃게 하다 |
| 103 | commend | 호의적으로 말하다, 칭찬하다 | 128 | era | 시대 |
| 104 | scare | 위협하다 | 129 | reflect | 반사하다 |
| 105 | withstand | 잘 견디다, 저항하다 | 130 | insight | 통찰 |
| 106 | curse | 저주하다 | 131 | initiate | 개시하다 |
| 107 | yell | 고함치다 | 132 | observe | 지키다, 관측하다 |
| 108 | yearn | 동경하다 | 133 | notice | 주의, 통지 |
| 109 | cur | 똥개, 불량배 | 134 | outstanding | 걸출한 |
| 110 | zealous | 열심인 | 135 | perceive | 지각하다 |
| 111 | noble | 귀족의 | 136 | remarkable | 주목할 만한 |
| 112 | despotic | 횡포한 | 137 | stare | 응시하다 |
| 113 | various | 가지가지의 | 138 | jolly roger | 해적들의 깃발 |
| 114 | uneasy | 불안한 | 139 | fancy | 공상 |
| 115 | lament | 슬퍼하다 | 140 | faint | 어렴풋한 |
| 116 | habitual | 습관적인 | 141 | multitude | 사람의 무리, 다수 |
| 117 | boast | 자랑하다 | 142 | acid | 신, 산성의 |
| 118 | dispute | 토론하다 | 143 | obvious | 명백한 |
| 119 | aware | 깨닫고 | 144 | scent | 냄새 |
| 120 | awful | 두려운 | 145 | glimpse | 흘끗 봄 |
| 121 | recognize | 알아보다 | 146 | choke | 질식시키다 |
| 122 | contact | 접촉 | 147 | perceive | 깨닫다, 인식하다 |
| 123 | edifice | 큰 건물 | 148 | ambiguous | 애매 |
| 124 | apparent | 또렷한 | 149 | vague | 어렴풋한 |
| 125 | describe | 묘사하다 | 150 | console | 위로하다 |

NEARCAPE BASIC WORDS 200

| | WORDS | MEANING | | WORDS | MEANING |
|---|---|---|---|---|---|
| 151 | portal | 입구 | 176 | elevate | 올리다 |
| 152 | imagine | 상상하다 | 177 | stroll | 산책 |
| 153 | amusement | 즐거움 | 178 | intuition | 직감 |
| 154 | rejoice | 기뻐하다 | 179 | pastime | 기분전환 |
| 155 | graceful | 우아한 | 180 | silly | 어리석은 |
| 156 | curious | 호기심 있는 | 181 | document | 문서 |
| 157 | awkward | 섣부른, 서투른 | 182 | poem | 시 |
| 158 | skillful | 능란한 | 183 | timorous | 무서워하는 |
| 159 | reserved | 속을 터놓지 않는 | 184 | novel | 신기한, 소설 |
| 160 | excellence | 우수, 탁월 | 185 | article | 한 품목 |
| 161 | capability | 가능성 | 186 | tuition | 수업료 |
| 162 | restrain | 견제하다 | 187 | stationery | 문방구 |
| 163 | inspire | 격려하다, 고무하다 | 188 | profound | 깊은 |
| 164 | competent | 유능한 | 189 | actual | 현실의 |
| 165 | intellectual | 지적인 | 190 | figure | 숫자 |
| 166 | intelligent | 지적인, 영리한 | 191 | edit | 편집을 하다 |
| 167 | stupid | 어리석은 | 192 | boring | 지루한 |
| 168 | retract | 철회하다 | 193 | concrete | 유형의, 구체적인 |
| 169 | inferior | 열등한 | 194 | version | 특별한 견해에서의 설명 |
| 170 | superior | 우등한 | 195 | derive | 끌어내다 |
| 171 | struggle | 허우적거리다 | 196 | legend | 전설 |
| 172 | merit | 장점 | 197 | fiction | 소설 |
| 173 | spine | 등뼈 | 198 | biography | 전기 |
| 174 | absurd | 불합리한 | 199 | aggressor | 침략자 |
| 175 | prudent | 신중한 | 200 | tragedy | 비극 |

21.　(A) 날카로운
　　(B) 똥개
　　(C) 호의적으로 말하다
　　(D) 위협하다
　　(E) 잘 견디다

22.　(A) 떨리다
　　(B) 시대
　　(C) 걸출한
　　(D) 저주하다
　　(E) 고함치다

23.　(A) 동경하다
　　(B) 횡포한
　　(C) 가지가지의
　　(D) 습관적인
　　(E) 귀족의

24.　(A) 자랑하다
　　(B) 토론하다
　　(C) 냄새
　　(D) 깨닫고
　　(E) 두려운

25.　(A) 슬퍼하다
　　(B) 알아보다
　　(C) 열심인
　　(D) 접촉
　　(E) 또렷한

26.　(A) 묘사하다
　　(B) 큰 건물
　　(C) 보이는
　　(D) 용기를 잃게 하다
　　(E) 불안한

27.　(A) 반사하다
　　(B) 통찰
　　(C) 개시하다
　　(D) 주의
　　(E) 지각하다

28.　(A) 주목할 만한
　　(B) 응시하다
　　(C) 해적들의 깃발
　　(D) 공상
　　(E) 지키다

29.　(A) 어렴풋한
　　(B) 사람의 무리
　　(C) 신
　　(D) 명백한
　　(E) 흘끗 봄

30.　(A) 질식시키다
　　(B) 깨닫다
　　(C) 애매
　　(D) 어렴풋한
　　(E) 위로하다

NEARCAPE BASIC WORDS TEST 200

31. (A) 입구
    (B) 상상하다
    (C) 즐거움
    (D) 우아한
    (E) 숫자

32. (A) 호기심 있는
    (B) 기뻐하다
    (C) 섣부른
    (D) 시
    (E) 능란한

33. (A) 문방구
    (B) 가능성
    (C) 격려하다
    (D) 유능한
    (E) 전기

34. (A) 지적인
    (B) 기분전환
    (C) 어리석은
    (D) 철회하다
    (E) 우등한

35. (A) 수업료
    (B) 허우적거리다
    (C) 지적인
    (D) 장점
    (E) 등뼈

36. (A) 소설
    (B) 불합리한
    (C) 신중한
    (D) 올리다
    (E) 한 품목

37. (A) 우수
    (B) 열등한
    (C) 속을 터놓지 않는
    (D) 산책
    (E) 직감

38. (A) 어리석은
    (B) 문서
    (C) 견제하다
    (D) 무서워하는
    (E) 신기한

39. (A) 깊은
    (B) 현실의
    (C) 편집을 하다
    (D) 특별한 견해에서의 설명
    (E) 지루한

40. (A) 유형의
    (B) 끌어내다
    (C) 전설
    (D) 침략자
    (E) 비극

8

NEARCAPE BASIC WORDS 250

| | WORDS | MEANING | | WORDS | MEANING |
|---|---|---|---|---|---|
| 201 | manuscript | 원고 | 226 | opposite | 마주 보고 있는, 반대의 |
| 202 | antipathy | 반감 | 227 | deliberately | 고의로 |
| 203 | altitude | 고도 | 228 | proverb | 속담 |
| 204 | coarse | 조잡한 | 229 | matter | 물질, 문제 |
| 205 | fable | 우화 | 230 | element | 요소 |
| 206 | genre | 장르 | 231 | literal | 문자의 |
| 207 | prose | 산문 | 232 | component | 구성하고 있는 |
| 208 | calamity | 재앙 | 233 | dispense with | ~없이 생활하다 |
| 209 | abbreviate | 단축하다 | 234 | linguistics | 어학 |
| 210 | metaphor | 은유 | 235 | substance | 물질 |
| 211 | opinion | 의견 | 236 | reverse | 거꾸로 하다 |
| 212 | solve | 풀다, 해결하다 | 237 | pronounce | 발음하다 |
| 213 | convene | 집단을 이루다, 모으다 | 238 | dubious | 불확실한 |
| 214 | certify | 보증하다 | 239 | result | 결과 |
| 215 | indeed | 실로, 정말 | 240 | issue | 내다, 발행하다 |
| 216 | emphasize | 강조하다 | 241 | extremity | 최극단 |
| 217 | cordiality | 따뜻한 호의 | 242 | terrible | 무서운 |
| 218 | affair | 일, 용무 | 243 | neglect | 게을리 하다 |
| 219 | factor | 요인 | 244 | terrific | 빼어난 |
| 220 | aspect | 양상 | 245 | unpleasant | 불쾌한 |
| 221 | review | 재조사, 비평 | 246 | weaken | 약하게 하다 |
| 222 | crony | 친한 친구 | 247 | strengthen | 튼튼하게 하다 |
| 223 | detail | 세부 | 248 | forecast | 예보하다 |
| 224 | conclude | 마치다, 결론 내리다 | 249 | courage | 용기 |
| 225 | notion | 관념 | 250 | pleasure | 기쁨 |

NEARCAPE BASIC WORDS 300

| | WORDS | MEANING | | WORDS | MEANING |
|---|---|---|---|---|---|
| 251 | decisive | 결정적인 | 276 | dominate | 통치하다, 지배하다 |
| 252 | disguise | 변장 | 277 | patriot | 애국자 |
| 253 | rage | 격노 | 278 | expose | 쐬다, 드러내다 |
| 254 | hibernate | 동면하다 | 279 | reflection | 숙고, 반영 |
| 255 | dare | 뻔뻔스럽게도 -하다 | 280 | contempt | 경멸 |
| 256 | frustrate | 쳐부수다, 꺾다 | 281 | adverse | 거스르는, 반대의 |
| 257 | pretend | 가장하다 | 282 | contend | 다투다, 주장하다 |
| 258 | host | 접대하는 사람 | 283 | relinquish | 버리다, 포기하다 |
| 259 | horrible | 무서운 | 284 | ultimate | 최후의, 궁극의 |
| 260 | deceive | 속이다 | 285 | vain | 헛된 |
| 261 | passionate | 열렬한 | 286 | negative | 부정의 |
| 262 | intimidate | 공포로 겁을 주다 | 287 | tolerate | 견디다, 관대하다 |
| 263 | resentment | 노함, 원한 | 288 | obstacle | 장애물 |
| 264 | riot | 폭동 | 289 | exclaim | 외치다 |
| 265 | strive | 노력하다 | 290 | afraid | 두려워하는 |
| 266 | reserved | 보류된, 내성적인 | 291 | interrupt | 가로막다 |
| 267 | tranquil | 조용한 | 292 | desperate | 자포자기의, 필사적인 |
| 268 | overcome | 이겨내다 | 293 | capsize | 전복하다 |
| 269 | preface | 머릿말 | 294 | undoubtedly | 틀림없이 |
| 270 | fault | 과실 | 295 | disturb | 방해하다 |
| 271 | recoil | 움츠리다 | 296 | steady | 고정된, 한결같은 |
| 272 | deserve | 받을 가치가 있다 | 297 | scorn | 경멸 |
| 273 | sustain | 떠받치다, 유지하다 | 298 | provoke | 일으키다 |
| 274 | triumph | 승리 | 299 | contend | 겨루다 |
| 275 | refrain | 그만두다 | 300 | cordial | 충심으로부터의 |

41.
(A) 원고
(B) 게을리 하다
(C) 조잡한
(D) 우화
(E) 보증하다

42.
(A) 장르
(B) 산문
(C) 재앙
(D) 불확실한
(E) 고도

43.
(A) 은유
(B) 의견
(C) 풀다
(D) 집단을 이루다
(E) 실로

44.
(A) 반감
(B) 강조하다
(C) 따뜻한 호의
(D) 일
(E) 요인

45.
(A) 최극단
(B) 양상
(C) 거꾸로 하다
(D) 단축하다
(E) 재조사

46.
(A) 친한 친구
(B) 속담
(C) 마치다
(D) 무서운
(E) 내다

47.
(A) 용기
(B) 관념
(C) 마주 보고 있는
(D) 고의로
(E) 세부

48.
(A) 물질
(B) 약하게 하다
(C) 요소
(D) 문자의
(E) 구성하고 있는

49.
(A) 어학
(B) 물질
(C) 발음하다
(D) ~없이 생활하다
(E) 결과

50.
(A) 빼어난
(B) 불쾌한
(C) 튼튼하게 하다
(D) 예보하다
(E) 기쁨

NEARCAPE BASIC WORDS TEST 300

51.
(A) 결정적인
(B) 격노
(C) 애국자
(D) 뻔뻔스럽게도 -하다
(E) 처부수다

56.
(A) 받을 가치가 있다
(B) 떠받치다
(C) 통치하다
(D) 쐬다
(E) 가장하다

52.
(A) 다투다
(B) 장애물
(C) 접대하는 사람
(D) 무서운
(E) 속이다

57.
(A) 경멸
(B) 거스르는
(C) 버리다
(D) 최후의
(E) 노함

53.
(A) 전복하다
(B) 자포자기의
(C) 머릿말
(D) 열렬한
(E) 공포로 겁을 주다

58.
(A) 헛된
(B) 부정의
(C) 견디다
(D) 외치다
(E) 두려워하는

54.
(A) 변장
(B) 폭동
(C) 노력하다
(D) 보류된
(E) 조용한

59.
(A) 가로막다
(B) 숙고
(C) 틀림없이
(D) 방해하다
(E) 고정된

55.
(A) 동면하다
(B) 겨루다
(C) 이겨내다
(D) 과실
(E) 움츠리다

60.
(A) 경멸
(B) 그만두다
(C) 승리
(D) 일으키다
(E) 충심으로부터의

NEARCAPE BASIC WORDS 350

| | WORDS | MEANING | | WORDS | MEANING |
|---|---|---|---|---|---|
| 301 | accomplish | 이루다, 달성하다 | 326 | respond | 응답하다 |
| 302 | achieve | 이루다 | 327 | active | 활동적인 |
| 303 | decease | 사망 | 328 | execute | 실행하다 |
| 304 | agree | 동의하다 | 329 | famish | 굶주리게 하다 |
| 305 | improve | 개량하다 | 330 | permit | 허락하다 |
| 306 | attain | 이르다, 획득하다 | 331 | settle | 놓다, 정착시키다 |
| 307 | postpone | 연기하다 | 332 | affect | ~에게 영향을 주다 |
| 308 | implement | 도구 | 333 | illuminate | 빛으로 밝게 하다 |
| 309 | din | 시끄러운 소리 | 334 | preserve | 보전하다 |
| 310 | hesitate | 주저하다 | 335 | aid | 원조하다 |
| 311 | compromise | 타협 | 336 | reduce | 줄이다 |
| 312 | torment | 고통 | 337 | admit | 들이다, 인정하다 |
| 313 | assent | 동의하다 | 338 | inaudible | 들리지 않는 |
| 314 | distinguish | 구별하다 | 339 | conduct | 행위 |
| 315 | submit | 복종시키다 | 340 | concentrate | 집중하다 |
| 316 | divulge | 폭로하다 | 341 | purpose | 목적 |
| 317 | attempt | 시도하다 | 342 | avoid | 피하다 |
| 318 | insist | 우기다, 고집하다 | 343 | incense | 격분시키다, 향 |
| 319 | apply | 적용하다 | 344 | anticipate | 예기하다 |
| 320 | maintain | 계속하다, 주장하다 | 345 | compel | 강제하다 |
| 321 | passive | 수동의 | 346 | inundate | 침수시키다 |
| 322 | effort | 노력 | 347 | enhance | 높이다 |
| 323 | refuse | 거절하다 | 348 | dismiss | 떠나게 하다, 해산시키다 |
| 324 | drought | 비의 부족, 가뭄 | 349 | evade | 피하다 |
| 325 | fulfill | 이행하다 | 350 | portable | 휴대용의 |

13

NEARCAPE BASIC WORDS 400

| | WORDS | MEANING | | WORDS | MEANING |
|---|---|---|---|---|---|
| 351 | jeopardy | 위난, 위기 | 376 | faculty | 능력, 기능 |
| 352 | interfere | 간섭하다 | 377 | enroll | 등록하다 |
| 353 | surpass | 뛰어나다 | 378 | grade | 등급 |
| 354 | addict | 빠지게 하다, 중독자 | 379 | simultaneously | 동시에 |
| 355 | comply | 동의하다 | 380 | laboratory | 실험실 |
| 356 | distort | 비틀다, 왜곡하다 | 381 | subsequently | 나중에 |
| 357 | magnify | 확대하다 | 382 | scholarship | 학식, 장학금 |
| 358 | thorough | 철저한 | 383 | discipline | 훈련, 규율 |
| 359 | constrain | 강제하다 | 384 | semester | 한 학기 |
| 360 | reveal | 드러내다 | 385 | biology | 생물학 |
| 361 | absent | 부재의 | 386 | arithmetic | 산수 |
| 362 | municipal | 시의 | 387 | survive | 보다 오래 살다 |
| 363 | scientific | 과학적인 | 388 | institute | 만들다, 협회 |
| 364 | chemistry | 화학 | 389 | tuition | 수업료 |
| 365 | degree | 정도 | 390 | multiple | 복합의 |
| 366 | puncture | 꿰뚫다, 펑크 | 391 | educate | 교육하다 |
| 367 | experiment | 실험 | 392 | class | 종류, 등급 |
| 368 | graduate | 졸업하다 | 393 | physical | 육체의, 물질의 |
| 369 | instruct | 가르치다 | 394 | traverse | 횡단하다 |
| 370 | principal | 주요한 | 395 | dormitory | 기숙사 |
| 371 | inquire | 묻다 | 396 | velocity | 빠름 |
| 372 | enlighten | 계몽하다 | 397 | participate | 참가하다 |
| 373 | entrance | 입구 | 398 | pursue | 뒤쫓다 |
| 374 | rummage | 샅샅이 뒤지다 | 399 | attend | ~에 출석하다 |
| 375 | lecture | 강의 | 400 | articulate | 발음이 분명한 |

NEARCAPE BASIC WORDS TEST 350

61.　(A) 이루다
　　　(B) 사망
　　　(C) 이해하다
　　　(D) 복종시키다
　　　(E) 수동의

62.　(A) 동의하다
　　　(B) 개량하다
　　　(C) 연기하다
　　　(D) 시끄러운 소리
　　　(E) 이루다

63.　(A) 주저하다
　　　(B) 고통
　　　(C) 동의하다
　　　(D) 허락하다
　　　(E) 폭로하다

64.　(A) 들이다
　　　(B) 구별하다
　　　(C) 시도하다
　　　(D) 예기하다
　　　(E) 우기다

65.　(A) 적용하다
　　　(B) 계속하다
　　　(C) 노력
　　　(D) 거절하다
　　　(E) 비의 부족

66.　(A) 응답하다
　　　(B) 활동적인
　　　(C) 실행하다
　　　(D) 놓다
　　　(E) 떠나게 하다

67.　(A) ~에게 영향을 주다
　　　(B) 빛으로 밝게 하다
　　　(C) 보전하다
　　　(D) 타협
　　　(E) 원조하다

68.　(A) 줄이다
　　　(B) 도구
　　　(C) 강제하다
　　　(D) 행위
　　　(E) 이르다

69.　(A) 집중하다
　　　(B) 목적
　　　(C) 피하다
　　　(D) 굶주리게 하다
　　　(E) 격분시키다

70.　(A) 들리지 않는
　　　(B) 침수시키다
　　　(C) 높이다
　　　(D) 피하다
　　　(E) 휴대용의

71.
- (A) 위난
- (B) 뛰어나다
- (C) 동의하다
- (D) 강의
- (E) 확대하다

72.
- (A) 철저한
- (B) 강제하다
- (C) 비틀다
- (D) 드러내다
- (E) 부재의

73.
- (A) 과학적인
- (B) 화학
- (C) 정도
- (D) 꿰뚫다
- (E) 계몽하다

74.
- (A) 샅샅이 뒤지다
- (B) 졸업하다
- (C) 기숙사
- (D) 시의
- (E) 간섭하다

75.
- (A) 가르치다
- (B) 주요한
- (C) 묻다
- (D) 실험
- (E) 수업료

76.
- (A) 등록하다
- (B) 입구
- (C) 동시에
- (D) 능력
- (E) 등급

77.
- (A) 실험실
- (B) 나중에
- (C) 종류
- (D) 학식
- (E) 빠지게 하다

78.
- (A) 훈련
- (B) 한 학기
- (C) 산수
- (D) 보다 오래 살다
- (E) 만들다

79.
- (A) 교육하다
- (B) 육체의
- (C) 생물학
- (D) 합의
- (E) 빠름

80.
- (A) 참가하다
- (B) 횡단하다
- (C) 뒤쫓다
- (D) ~에 출석하다
- (E) 발음이 분명한

NEARCAPE BASIC WORDS 450

| | WORDS | MEANING | | WORDS | MEANING |
|---|---|---|---|---|---|
| 401 | require | 요구하다 | 426 | ideal | 이상 |
| 402 | accommodate | 공간을 갖다 | 427 | absolute | 절대의 |
| 403 | nursery | 아이 방 | 428 | organization | 구성, 조직 |
| 404 | preschool | 취학 전의 | 429 | culprit | 범법자 |
| 405 | secondary | 제2위의 | 430 | defect | 결점 |
| 406 | geography | 지리 | 431 | associate | 연합시키다 |
| 407 | rod | 로드, 낚시대 | 432 | complicate | 복잡하게하다 |
| 408 | apprehend | 염려하다, 잡다 | 433 | eliminate | 제외하다, 제거하다 |
| 409 | assign | 할당하다 | 434 | capital | 수도 |
| 410 | cafeteria | 카페테리아 | 435 | mortal | 인간의, 죽음의 |
| 411 | cheat | 기만하다 | 436 | privilege | 특권 |
| 412 | share | 몫 | 437 | philosophy | 철학 |
| 413 | eager | 열망하는 | 438 | facetious | 농담의 |
| 414 | cleave | 집착하다, 찢다 | 439 | fascinate | 황홀케 하다 |
| 415 | endow | ~에게 부여하다, 기부하다 | 440 | anthropology | 인류학 |
| 416 | auditorium | 관객석 | 441 | alternative | 대안 |
| 417 | conceal | 보이는데서 감추다 | 442 | criterion | 표준 |
| 418 | sophomore | 2년생 | 443 | liberty | 자유 |
| 419 | illiterate | 무식한 | 444 | fatigue | 피곤하게 하다 |
| 420 | passage | 통행 | 445 | motivation | 자극, 동기부여 |
| 421 | individual | 개개의 | 446 | tense | 팽팽한 |
| 422 | behave | 행동하다 | 447 | norm | 기준 |
| 423 | content | 기뻐하는, 내용 | 448 | infallible | 틀림없는 |
| 424 | circumstance | 상황 | 449 | pessimism | 비관. 염세주의 |
| 425 | positive | 확신하는, 긍정적인 | 450 | phenomenon | 현상 |

NEARCAPE BASIC WORDS 500

| | WORDS | MEANING | | WORDS | MEANING |
|---|---|---|---|---|---|
| 451 | society | 사회 | 476 | convention | 집회, 풍습 |
| 452 | contrary | 반대의 | 477 | reinforce | 강화하다 |
| 453 | pilfer | 훔치다 | 478 | superfluous | 불필요한 |
| 454 | expect | 기대하다 | 479 | acknowledge | 인정하다 |
| 455 | polite | 공손한 | 480 | segregate | 격리하다 |
| 456 | rude | 버릇없는 | 481 | add | 더하다 |
| 457 | grateful | 감사하고 있는 | 482 | surmount | 극복하다 |
| 458 | psychology | 심리학 | 483 | tiny | 작은 |
| 459 | province | 분야, 지역 | 484 | average | 평균 |
| 460 | racial | 인종(상)의 | 485 | measure | 재다 |
| 461 | reflect | 숙고하다, 반사하다 | 486 | lessen | 작게 하다 |
| 462 | conscious | 자각하고 있는 | 487 | straight | 곧은 |
| 463 | relate | 관계시키다 | 488 | square | 정사각형 |
| 464 | apologize | 사죄하다 | 489 | urban | 도시와 관련 있는 |
| 465 | obey | ~에 복종하다 | 490 | infinite | 무한한 |
| 466 | sociology | 사회학 | 491 | huge | 거대한 |
| 467 | reverse | 반대로 바꾸다 | 492 | angle | 각 |
| 468 | controversy | 논쟁 | 493 | vicinity | 근처 |
| 469 | reluctant | 마음 내키지 않는 | 494 | extend | 뻗다 |
| 470 | status | 상태 | 495 | numerous | 다수의 |
| 471 | courtesy | 예의바름 | 496 | vocation | 천직, 직업 |
| 472 | unique | 유일한 | 497 | geometry | 기하학 |
| 473 | shallow | 깊지 않은 | 498 | enormous | 거대한 |
| 474 | heed | 조심하다 | 499 | expand | 펴다, 확장하다 |
| 475 | aspire | 열망하다 | 500 | immense | 막대한 |

NEARCAPE BASIC WORDS TEST 450

81.　(A) 요구하다
　　(B) 취학 전의
　　(C) 지리
　　(D) 아이 방
　　(E) 염려하다

82.　(A) 기만하다
　　(B) 열망하는
　　(C) 집착하다
　　(D) 피곤하게 하다
　　(E) 결점

83.　(A) 보이는데서 감추다
　　(B) 2년생
　　(C) 무식한
　　(D) 상황
　　(E) 통행

84.　(A) ~에게 부여하다
　　(B) 개개의
　　(C) 행동하다
　　(D) 기뻐하는
　　(E) 팽팽한

85.　(A) 철학
　　(B) 로드
　　(C) 할당하다
　　(D) 확신하는
　　(E) 이상

86.　(A) 절대의
　　(B) 구성
　　(C) 범법자
　　(D) 연합시키다
　　(E) 복잡하게하다

87.　(A) 제외하다
　　(B) 수도
　　(C) 관객석
　　(D) 카페테리아
　　(E) 인간의

88.　(A) 특권
　　(B) 제2위의
　　(C) 농담의
　　(D) 황홀케 하다
　　(E) 인류학

89.　(A) 표준
　　(B) 자유
　　(C) 자극
　　(D) 뭇
　　(E) 대안

90.　(A) 기준
　　(B) 공간을 갖다
　　(C) 틀림없는
　　(D) 비관
　　(E) 현상

NEARCAPE BASIC WORDS TEST 500

91.
(A) 사회
(B) 기대하다
(C) 공손한
(D) 분야
(E) 곧은

92.
(A) 더하다
(B) 감사하고 있는
(C) 훔치다
(D) 심리학
(E) 반대의

93.
(A) 숙고하다
(B) 자각하고 있는
(C) 관계시키다
(D) 사죄하다
(E) ~에 복종하다

94.
(A) 버릇없는
(B) 사회학
(C) 논쟁
(D) 마음 내키지 않는
(E) 상태

95.
(A) 반대로 바꾸다
(B) 유일한
(C) 열망하다
(D) 불필요한
(E) 뻗다

96.
(A) 집회
(B) 거대한
(C) 조심하다
(D) 강화하다
(E) 도시와 관련 있는

97.
(A) 인정하다
(B) 격리하다
(C) 극복하다
(D) 평균
(E) 예의바름

98.
(A) 재다
(B) 작게 하다
(C) 깊지 않은
(D) 정사각형
(E) 무한한

99.
(A) 작은
(B) 각
(C) 근처
(D) 거대한
(E) 인종(상)의

100.
(A) 다수의
(B) 천직
(C) 기하학
(D) 펴다
(E) 막대한

NEARCAPE BASIC WORDS 550

| | WORDS | MEANING | | WORDS | MEANING |
|---|---|---|---|---|---|
| 501 | abate | 줄다, 덜다 | 526 | craft | 기술, 솜씨 |
| 502 | maximum | 최대 | 527 | illustration | 삽화 |
| 503 | minimum | 최소 | 528 | masterpiece | 걸작 |
| 504 | appropriate | 충당하다, 적절한 | 529 | brilliant | 찬란하게 빛나는 |
| 505 | parallel | 평행의 | 530 | monument | 기념비 |
| 506 | subtract | 빼다, 공제하다 | 531 | performance | 실행, 상연 |
| 507 | accord | 일치하다 | 532 | perspective | 원근법 |
| 508 | vacant | 공허한 | 533 | craven | 비겁한 |
| 509 | sphere | 구체 | 534 | visual | 시각의 |
| 510 | swell | 부풀다 | 535 | inscribe | 적다, 새기다 |
| 511 | draw | 끌다 | 536 | sculpture | 조각 |
| 512 | advertise | 광고하다 | 537 | splendid | 빛나는 |
| 513 | display | 보이다, 전시하다 | 538 | circulate | 돌다, 순환하다 |
| 514 | aggravate | 격화시키다, 악화시키다 | 539 | currency | 돈, 유통 |
| 515 | portrait | 초상 | 540 | subscribe | 승낙하다, 서명하다 |
| 516 | architecture | 건축술 | 541 | leisure | 틈, 여가 |
| 517 | belligerent | 호전적인 | 542 | deter | 말리다, 제지하다 |
| 518 | instrument | 기계, 도구, 악기 | 543 | recreation | 휴양 |
| 519 | audience | 청중 | 544 | fitness | 적당 |
| 520 | compose | 조립하다, 구성하다 | 545 | compete | 겨루다 |
| 521 | carve | 새기다 | 546 | cinema | 영화관 |
| 522 | magnificent | 장대한 | 547 | rest | 휴식 |
| 523 | construct | 조립하다, 세우다 | 548 | sightseeing | 관광 |
| 524 | conspicuous | 쉽게 눈에 띄는 | 549 | duplicate | 복사 |
| 525 | publish | 발표, 출판하다 | 550 | clap | 부딪히다, 치다 |

NEARCAPE BASIC WORDS 600

| | WORDS | MEANING | | WORDS | MEANING |
|---|---|---|---|---|---|
| 551 | professional | 직업의 | 576 | lawyer | 법률가 |
| 552 | practice | 실행 | 577 | rural | 시골의 |
| 553 | athlete | 운동가 | 578 | mayor | 시장 |
| 554 | fictitious | 허구의 | 579 | assistant | 조수 |
| 555 | bound | 경계 | 580 | professor | 교수 |
| 556 | immaculate | 얼룩이 없는 | 581 | reconcile | 화해시키다 |
| 557 | explore | 탐험하다 | 582 | chairperson | 의장 |
| 558 | energetic | 원기 왕성한 | 583 | teller | 이야기하는 사람, 계표원 |
| 559 | opponent | 반대하는 | 584 | cashier | 출납원 |
| 560 | glorious | 영광스러운 | 585 | politician | 정치가 |
| 561 | landscape | 풍경 | 586 | statesman | 정치가 |
| 562 | scenery | 무대장면 | 587 | security | 보호 |
| 563 | outdoor | 집 밖의 | 588 | physicist | 물리학자 |
| 564 | intervene | 사이에 있다 | 589 | surgeon | 외과의사 |
| 565 | mount | 오르다 | 590 | resign | 다시 서명하다, 사임하다 |
| 566 | miniature | 소형의 | 591 | resume | 다시 차지하다, 계속하다 |
| 567 | souvenir | 기념품 | 592 | stamina | 정력 |
| 568 | expedition | 탐험 | 593 | vocation | 직업 |
| 569 | spectacular | 구경거리의 | 594 | agent | 대행자 |
| 570 | diversion | 딴데로 돌림 | 595 | minister | 성직자, 장관 |
| 571 | occupation | 직업 | 596 | qualify | 제한하다, 자격을 갖추다 |
| 572 | profession | 전문직 | 597 | secretary | 비서 |
| 573 | employ | 고용하다 | 598 | colleague | 동료 |
| 574 | quintet | 5인조 | 599 | volition | 의지(력) |
| 575 | unemployed | 실직한 | 600 | accountant | 회계원 |

101. (A) 줄다
     (B) 충당하다
     (C) 평행의
     (D) 빼다
     (E) 일치하다

102. (A) 휴식
     (B) 공허한
     (C) 구체
     (D) 부풀다
     (E) 끌다

103. (A) 광고하다
     (B) 보이다
     (C) 초상
     (D) 건축술
     (E) 호전적인

104. (A) 휴양
     (B) 기술
     (C) 기계
     (D) 돈
     (E) 최소

105. (A) 적당
     (B) 격화시키다
     (C) 원근법
     (D) 청중
     (E) 최대

106. (A) 조립하다
     (B) 새기다
     (C) 장대한
     (D) 조립하다
     (E) 비겁한

107. (A) 관광
     (B) 쉽게 눈에 띄는
     (C) 발표
     (D) 걸작
     (E) 찬란하게 빛나는

108. (A) 기념비
     (B) 실행
     (C) 시각의
     (D) 삽화
     (E) 적다

109. (A) 조각
     (B) 빛나는
     (C) 승낙하다
     (D) 틈
     (E) 말리다

110. (A) 겨루다
     (B) 영화관
     (C) 돌다
     (D) 복사
     (E) 부딪히다

| | | | | |
|---|---|---|---|---|
| 111. | (A) 직업의 | | 116. | (A) 직업 |
| | (B) 5인조 | | | (B) 직업 |
| | (C) 법률가 | | | (C) 쓰다 |
| | (D) 허구의 | | | (D) 실직한 |
| | (E) 경계 | | | (E) 딴데로 돌림 |
| | | | | |
| 112. | (A) 오르다 | | 117. | (A) 시골의 |
| | (B) 얼룩이 없는 | | | (B) 시장 |
| | (C) 조수 | | | (C) 교수 |
| | (D) 탐험하다 | | | (D) 화해시키다 |
| | (E) 실행 | | | (E) 의장 |
| | | | | |
| 113. | (A) 이야기하는 사람 | | 118. | (A) 정치가 |
| | (B) 소형의 | | | (B) 정치가 |
| | (C) 원기 왕성한 | | | (C) 보호 |
| | (D) 반대하는 | | | (D) 외과의사 |
| | (E) 동료 | | | (E) 다시 서명하다 |
| | | | | |
| 114. | (A) 풍경 | | 119. | (A) 다시 차지하다 |
| | (B) 제한하다 | | | (B) 출납원 |
| | (C) 집 밖의 | | | (C) 정력 |
| | (D) 영광스러운 | | | (D) 직업 |
| | (E) 운동가 | | | (E) 대행자 |
| | | | | |
| 115. | (A) 사이에 있다 | | 120. | (A) 성직자 |
| | (B) 기념품 | | | (B) 물리학자 |
| | (C) 탐험 | | | (C) 비서 |
| | (D) 무대장면 | | | (D) 의지(력) |
| | (E) 구경거리의 | | | (E) 회계원 |

NEARCAPE BASIC WORDS 650

| | WORDS | MEANING | | WORDS | MEANING |
|---|---|---|---|---|---|
| 601 | religion | 종교 | 626 | diminutive | 소형의 |
| 602 | believe | 믿다 | 627 | sermon | 설교 |
| 603 | temple | 사원 | 628 | priest | 성직자 |
| 604 | alternative | 선택, 대안 | 629 | sacrifice | 희생 |
| 605 | evil | 나쁜, 사악한 | 630 | theology | 신학 |
| 606 | beverage | 음료 | 631 | disaster | 재해 |
| 607 | fairy | 요정 | 632 | accident | 사고 |
| 608 | worship | 예배, 숭배 | 633 | damage | 손해 |
| 609 | saint | 성인 | 634 | dispel | 쫓아버리다 |
| 610 | forgive | 용서하다 | 635 | injure | 상처를 입히다 |
| 611 | spiritual | 정신의 | 636 | dormant | 조용한, 잠자는 |
| 612 | heaven | 하늘 | 637 | hurt | 상처 내다 |
| 613 | blunder | 실수 | 638 | wound | 부상 |
| 614 | spell | 철자하다 | 639 | beware | 조심하다 |
| 615 | repent | 후회하다 | 640 | harm | 해 |
| 616 | prophecy | 예언 | 641 | warning | 경고 |
| 617 | adore | 숭배하다 | 642 | destructive | 파괴적인 |
| 618 | devote | 바치다, 헌신하다 | 643 | emergency | 비상 |
| 619 | controversy | 말다툼 | 644 | exclusively | 유일하게 |
| 620 | missionary | 전도의 | 645 | drown | 물에 빠뜨리다 |
| 621 | custody | 안전한 관리 | 646 | famine | 기근 |
| 622 | sacred | 신성한 | 647 | victim | 희생자 |
| 623 | creed | 교의 | 648 | exempt | 면제된 |
| 624 | superstition | 미신 | 649 | inevitable | 피할 수 없는 |
| 625 | divine | 신성한 | 650 | incident | 사건 |

NEARCAPE BASIC WORDS 700

| | WORDS | MEANING | | WORDS | MEANING |
|---|---|---|---|---|---|
| 651 | crisis | 위기 | 676 | adequate | 어울리는, 적당한 |
| 652 | imperil | 위태롭게 하다 | 677 | presently | 곧 |
| 653 | fatal | 치명적인 | 678 | survey | 내려다보다, 조사 |
| 654 | casualty | 사고 | 679 | reply | 대답하다 |
| 655 | abrupt | 돌연한 | 680 | exclude | 못 들어오게 하다 |
| 656 | lineage | 혈통 | 681 | process | 진행 |
| 657 | collapse | 무너지다 | 682 | proceed | 나아가다 |
| 658 | starvation | 굶주림 | 683 | procrastinate | 미루다 |
| 659 | shelter | 피난장소 | 684 | chatter | 재잘재잘 지껄이다 |
| 660 | collide | 충돌하다 | 685 | precede | ~에 선행하다 |
| 661 | compute | 계산하다 | 686 | delete | 지우다 |
| 662 | major | 더 큰, 중요한 | 687 | hacker | 자르는 사람 |
| 663 | device | 고안, 장치 | 688 | interact | 상호작용하다 |
| 664 | select | 선택하다 | 689 | prodigious | 범위가 보통을 넘는 |
| 665 | replace | 제자리에 놓다, 바꾸다 | 690 | digit | 한 자리 숫자 |
| 666 | attach | 붙이다 | 691 | protract | 시간을 오래 끌다 |
| 667 | basis | 기초 | 692 | shoulder | 어깨 |
| 668 | objective | 목적, 객관적인 | 693 | ankle | 발목 |
| 669 | sequence | 연달아 일어남 | 694 | heel | 뒤꿈치 |
| 670 | abandon | 버리다 | 695 | tongue | 혀 |
| 671 | inconvenient | 불편한 | 696 | lap | 무릎 |
| 672 | surf | 밀려드는 파도 | 697 | retain | 보유하다 |
| 673 | prompt | 신속한 | 698 | bust | 흉상 |
| 674 | opinionated | 고집 센 | 699 | throat | 목구멍 |
| 675 | classify | 분리하다, 분류하다 | 700 | bald | 털이 없는 |

121.  (A) 종교
      (B) 정신의
      (C) 음료
      (D) 예배
      (E) 말다툼

122.  (A) 성인
      (B) 선택
      (C) 용서하다
      (D) 믿다
      (E) 요정

123.  (A) 하늘
      (B) 실수
      (C) 철자하다
      (D) 예언
      (E) 숭배하다

124.  (A) 바치다
      (B) 기근
      (C) 후회하다
      (D) 물에 빠뜨리다
      (E) 전도의

125.  (A) 안전한 관리
      (B) 사원
      (C) 신성한
      (D) 교의
      (E) 미신

126.  (A) 신학
      (B) 신성한
      (C) 상처 내다
      (D) 설교
      (E) 성직자

127.  (A) 희생
      (B) 재해
      (C) 나쁜
      (D) 소형의
      (E) 사고

128.  (A) 손해
      (B) 쫓아버리다
      (C) 조용한
      (D) 부상
      (E) 조심하다

129.  (A) 해
      (B) 경고
      (C) 파괴적인
      (D) 비상
      (E) 유일하게

130.  (A) 상처를 입히다
      (B) 희생자
      (C) 면제된
      (D) 피할 수 없는
      (E) 사건

NEARCAPE BASIC WORDS TEST 700

131. (A) 위기
(B) 치명적인
(C) 사고
(D) 목적
(E) 굶주림

132. (A) 피난장소
(B) 기초
(C) 충돌하다
(D) 계산하다
(E) 돌연한

133. (A) 더 큰
(B) 선택하다
(C) 제자리에 놓다
(D) 위태롭게 하다
(E) 붙이다

134. (A) 무너지다
(B) 한 자리 숫자
(C) 연달아 일어남
(D) 고집 센
(E) 불편한

135. (A) 고안
(B) 발목
(C) 재잘재잘 지껄이다
(D) 밀려드는 파도
(E) 신속한

136. (A) 분리하다
(B) 어울리는
(C) 내려다보다
(D) 혈통
(E) 대답하다

137. (A) 못 들어오게 하다
(B) 진행
(C) 나아가다
(D) 미루다
(E) 버리다

138. (A) ~에 선행하다
(B) 지우다
(C) 자르는 사람
(D) 상호작용하다
(E) 범위가 보통을 넘는

139. (A) 곧
(B) 시간을 오래 끌다
(C) 어깨
(D) 뒤꿈치
(E) 혀

140. (A) 무릎
(B) 보유하다
(C) 흉상
(D) 목구멍
(E) 털이 없는

NEARCAPE BASIC WORDS 750

| | WORDS | MEANING | | WORDS | MEANING |
|---|---|---|---|---|---|
| 701 | adroit | 솜씨 있는 | 726 | lip | 입술 |
| 702 | wrist | 손목 | 727 | dexterity | 능숙 |
| 703 | stomach | 위 | 728 | waist | 허리 |
| 704 | breast | 가슴 | 729 | joint | 이음매 |
| 705 | lung | 폐 | 730 | eyebrow | 눈썹 |
| 706 | organ | 조직 | 731 | thumb | 엄지손가락 |
| 707 | chest | 가슴, 상자 | 732 | curly | 곱슬머리의 |
| 708 | bosom | 가슴, 흉부 | 733 | versatile | 다재다능한 |
| 709 | ambidextrous | 양손을 똑같이 잘 쓸 수 있는 | 734 | nerve | 신경 |
| 710 | breast | 가슴, 유방 | 735 | belly | 배 |
| 711 | liver | 간 | 736 | flesh | 살 |
| 712 | apprentice | 견습공, 도제 | 737 | digest | 소화하다 |
| 713 | limb | 수족 | 738 | tremble | 떨다 |
| 714 | wrinkle | 주름 | 739 | destitute | 가난한 |
| 715 | skull | 두개골 | 740 | yawn | 하품하다 |
| 716 | slender | 홀쭉한 | 741 | economize | 절약하다 |
| 717 | sprain | 삐다 | 742 | pupil | 동공, 학생 |
| 718 | transplant | 옮겨 심다 | 743 | eyesight | 시력 |
| 719 | aptitude | 경향 | 744 | tissue | 조직, 직물 |
| 720 | erect | 똑바로 선 | 745 | rib | 늑골, 갈비 |
| 721 | cheek | 뺨 | 746 | snore | 코를 골다 |
| 722 | chin | 턱 | 747 | frugal | 절약하는 |
| 723 | craftsman | 기술자, 장인 | 748 | dimple | 보조개 |
| 724 | knee | 무릎 | 749 | tear | 눈물 |
| 725 | skin | 피부 | 750 | pale | 핼쑥한 |

NEARCAPE BASIC WORDS 800

| | WORDS | MEANING | | WORDS | MEANING |
|---|---|---|---|---|---|
| 751 | exist | 존재하다 | 776 | foster | 기르다 |
| 752 | cradle | 요람 | 777 | premature | 조숙한 |
| 753 | grave | 무덤 | 778 | dowry | 지참금 |
| 754 | impoverish | 곤궁하게 하다 | 779 | miraculous | 기적적인 |
| 755 | raise | 올리다 | 780 | pregnant | 임신한 |
| 756 | indigence | 빈곤 | 781 | financial | 돈의, 재정상의 |
| 757 | survive | ~의 후까지 생존하다 | 782 | traditional | 전통의 |
| 758 | separate | 잘라서 떼어 놓다 | 783 | celebrate | 경축하다 |
| 759 | ordinary | 보통의 | 784 | conceal | 숨기다 |
| 760 | arise | 일어나다 | 785 | satisfy | 만족시키다 |
| 761 | nourish | ~에 자양분을 주다 | 786 | fleece | 강탈하다 |
| 762 | affluent | 풍요한 | 787 | swear | 맹세하다 |
| 763 | animate | 살리다 | 788 | bury | 묻다 |
| 764 | extinct | 꺼진, 사멸한 | 789 | propose | 제안하다 |
| 765 | mature | 익은 | 790 | jealous | 질투심이 많은 |
| 766 | revive | 소생하게 하다 | 791 | envy | 질투 |
| 767 | avarice | 탐욕 | 792 | hoard | 축적하다 |
| 768 | infant | 유아 | 793 | engagement | 약속, 약혼 |
| 769 | perish | 멸망하다 | 794 | divorce | 이혼 |
| 770 | species | 종류 | 795 | mourn | 슬퍼하다 |
| 771 | restrict | 제한하다 | 796 | spouse | 배우자 |
| 772 | hazard | 위험 | 797 | lavish | 아끼지 않는 |
| 773 | particular | 특별한 | 798 | bless | ~에게 은총을 내리다 |
| 774 | covet | 갈망하다 | 799 | funeral | 장례식 |
| 775 | rear | 뒤 | 800 | widow | 미망인 |

141. (A) 솜씨 있는
     (B) 가슴
     (C) 위
     (D) 코를 골다
     (E) 가슴

142. (A) 폐
     (B) 똑바로 선
     (C) 조직
     (D) 떨다
     (E) 손목

143. (A) 가슴
     (B) 간
     (C) 견습공
     (D) 수족
     (E) 주름

144. (A) 옮겨 심다
     (B) 곱슬머리의
     (C) 두개골
     (D) 홀쭉한
     (E) 베다

145. (A) 경향
     (B) 동공
     (C) 뺨
     (D) 턱
     (E) 기술자

146. (A) 피부
     (B) 입술
     (C) 능숙
     (D) 가슴
     (E) 허리

147. (A) 이음매
     (B) 엄지손가락
     (C) 보조개
     (D) 다재다능한
     (E) 신경

148. (A) 배
     (B) 무릎
     (C) 살
     (D) 소화하다
     (E) 가난한

149. (A) 눈썹
     (B) 하품하다
     (C) 시력
     (D) 조직
     (E) 늑골

150. (A) 절약하는
     (B) 양손을 잘 쓸 수 있는
     (C) 절약하다
     (D) 눈물
     (E) 핼쑥한

NEARCAPE BASIC WORDS TEST 800

151.   (A) 존재하다
      (B) 특별한
      (C) 무덤
      (D) 곤궁하게 하다
      (E) 갈망하다

152.   (A) 올리다
      (B) 빈곤
      (C) 요람
      (D) ~의 후까지 생존하다
      (E) 잘라서 떼어 놓다

153.   (A) 질투심이 많은
      (B) 일어나다
      (C) 살리다
      (D) 꺼진
      (E) 익은

154.   (A) 소생하게 하다
      (B) 유아
      (C) 멸망하다
      (D) 종류
      (E) ~에게 은총을 내리다

155.   (A) 제한하다
      (B) 풍요한
      (C) 뒤
      (D) 기르다
      (E) 돈의

156.   (A) 조숙한
      (B) 지참금
      (C) 묻다
      (D) 기적적인
      (E) 임신한

157.   (A) 전통의
      (B) 경축하다
      (C) 보통의
      (D) 숨기다
      (E) 만족시키다

158.   (A) 강탈하다
      (B) 맹세하다
      (C) 제안하다
      (D) 질투
      (E) 축적하다

159.   (A) 약속
      (B) 이혼
      (C) 슬퍼하다
      (D) ~에 자양분을 주다
      (E) 배우자

160.   (A) 아끼지 않는
      (B) 탐욕
      (C) 위험
      (D) 장례식
      (E) 미망인

NEARCAPE BASIC WORDS 850

| | WORDS | MEANING | | WORDS | MEANING |
|---|---|---|---|---|---|
| 801 | ceremony | 의식 | 826 | cower | 무서워서 움츠리다 |
| 802 | corpse | 시체 | 827 | livelihood | 생계 |
| 803 | lucrative | 돈벌이가 되는 | 828 | elder | 손위의 |
| 804 | moan | 신음소리 | 829 | ascendant | 우세한 |
| 805 | pledge | 서약 | 830 | heritage | 상속재산 |
| 806 | anatomy | 해부학 | 831 | gene | 유전자 |
| 807 | integrity | 성실 | 832 | craven | 겁쟁이 |
| 808 | means | 재산, 수단 | 833 | maternal | 어머니의 |
| 809 | wretched | 가엾은 | 834 | parental | 어버이다운 |
| 810 | obituary | 사망자의 | 835 | dissuade | 설득하여 단념시키다 |
| 811 | ancestor | 선조 | 836 | posterity | 자손 |
| 812 | offspring | 자식 | 837 | dastardly | 비겁하고 비열한 |
| 813 | relative | 비교상의 | 838 | inherit | 상속하다 |
| 814 | opulence | 재산 | 839 | heredity | 유전 |
| 815 | support | 지탱하다 | 840 | nurture | 양육 |
| 816 | respect | 존경 | 841 | adult | 어른의 |
| 817 | generation | 세대 | 842 | familiar | 가까운 |
| 818 | conflict | 투쟁 | 843 | intimidate | 무섭게 하다 |
| 819 | sumptuous | 호화스러운 | 844 | fame | 명성 |
| 820 | native | 출생의 | 845 | confuse | 혼동하다 |
| 821 | apprehensive | 두려워하는 | 846 | attract | 끌다 |
| 822 | proud | 거만한 | 847 | lonely | 외로운 |
| 823 | trust | 신뢰 | 848 | timid | 무서워하는 |
| 824 | influence | 세력 | 849 | sincere | 성실한 |
| 825 | strict | 엄격한 | 850 | broad-minded | 마음이 넓은 |

NEARCAPE BASIC WORDS 900

| | WORDS | MEANING | | WORDS | MEANING |
|---|---|---|---|---|---|
| 851 | narrow-minded | 마음이 좁은 | 876 | suggest | 암시하다 |
| 852 | cherish | 소중히 하다 | 877 | indomitable | 정복할 수 없는 |
| 853 | fellow | 동무 | 878 | involve | 말아 넣다, 관련시키다 |
| 854 | trepidation | 공포 | 879 | desire | 바라다 |
| 855 | ridiculous | 우스운 | 880 | opportunity | 기회 |
| 856 | tempt | 유혹하다 | 881 | swift | 날랜 |
| 857 | delightful | 매우 기쁜 | 882 | wicked | 악한 |
| 858 | childish | 어린애 같은 | 883 | crucial | 결정적인 |
| 859 | audacious | 두려움 없이 대담한 | 884 | plucky | 용기 있는 |
| 860 | unfriendly | 불친절한 | 885 | dreary | 황량한 |
| 861 | dauntless | 용맹스러운 | 886 | exact | 정확한 |
| 862 | hostile | 적의 있는 | 887 | acquaintance | 지식, 면식 |
| 863 | cynical | 냉소적인 | 888 | allow | 허락하다 |
| 864 | hospitable | 호의로써 맞이하는 | 889 | rash | 무모한 |
| 865 | embrace | 얼싸안다 | 890 | accompany | ~에 동반하다 |
| 866 | exploit | 대담한 행위, 착취하다 | 891 | alias | 가명 |
| 867 | solitary | 고독한 | 892 | sensible | 분별 있는 |
| 868 | orphanage | 고아원 | 893 | prefer | ~을 좋아하다 |
| 869 | seduce | 부추기다 | 894 | trivial | 하찮은 |
| 870 | naive | 천진난만한 | 895 | gloomy | 우울한 |
| 871 | cooperate | 협력하다 | 896 | clandestine | 비밀의 |
| 872 | fortitude | 인내 | 897 | diverse | 가지각색의 |
| 873 | prepare | 준비하다 | 898 | contribute | 기부하다, 기여하다 |
| 874 | blunder | 큰 실수 | 899 | transient | 일시적인 |
| 875 | aim | 겨냥을 하다 | 900 | determine | ~에게 결심시키다 |

161. (A) 의식
     (B) 신음소리
     (C) 서약
     (D) 가엾은
     (E) 선조

162. (A) 어버이다운
     (B) 해부학
     (C) 성실
     (D) 재산
     (E) 시체

163. (A) 사망자의
     (B) 자식
     (C) 거만한
     (D) 외로운
     (E) 가까운

164. (A) 비교상의
     (B) 재산
     (C) 지탱하다
     (D) 존경
     (E) 세대

165. (A) 투쟁
     (B) 호화스러운
     (C) 출생의
     (D) 양육
     (E) 두려워하는

166. (A) 무섭게 하다
     (B) 비겁하고 비열한
     (C) 신뢰
     (D) 세력
     (E) 엄격한

167. (A) 무서워서 움츠리다
     (B) 생계
     (C) 손위의
     (D) 우세한
     (E) 상속재산

168. (A) 유전자
     (B) 겁쟁이
     (C) 돈벌이가 되는
     (D) 어머니의
     (E) 자손

169. (A) 상속하다
     (B) 설득하여 단념시키다
     (C) 유전
     (D) 어른의
     (E) 명성

170. (A) 끌다
     (B) 무서워하는
     (C) 성실한
     (D) 혼동하다
     (E) 마음이 넓은

171.	(A) 마음이 좁은
	(B) 소중히 하다
	(C) 허락하다
	(D) 공포
	(E) 가명

172.	(A) 천진난만한
	(B) 매우 기쁜
	(C) 정확한
	(D) 어린애 같은
	(E) 불친절한

173.	(A) 우스운
	(B) 적의 있는
	(C) 겨냥을 하다
	(D) 유혹하다
	(E) 냉소적인

174.	(A) 비밀의
	(B) 호의로써 맞이하는
	(C) 동무
	(D) 대담한 행위
	(E) 고독한

175.	(A) 준비하다
	(B) 희소 질병용약
	(C) 부추기다
	(D) 협력하다
	(E) 인내

176.	(A) 큰 실수
	(B) 암시하다
	(C) 정복할 수 없는
	(D) 말아 넣다
	(E) 기회

177.	(A) 날랜
	(B) 악한
	(C) 얼싸안다
	(D) 결정적인
	(E) 바라다

178.	(A) 용기있는
	(B) 황량한
	(C) ~을 좋아하다
	(D) 지식
	(E) 무모한

179.	(A) ~에 동반하다
	(B) 용맹스러운
	(C) 하찮은
	(D) 두려움 없이 대담한
	(E) 우울한

180.	(A) 분별 있는
	(B) 가지각색의
	(C) 기부하다
	(D) 일시적인
	(E) ~에게 결심시키다

NEARCAPE BASIC WORDS 950

| | WORDS | MEANING | | WORDS | MEANING |
|---|---|---|---|---|---|
| 901 | restaurant | 요리점 | 926 | edible | 식용에 적합한 |
| 902 | enigma | 수수께끼 | 927 | vegetarian | 채식주의자 |
| 903 | flavor | 맛 | 928 | devour | 게걸스럽게 먹다 |
| 904 | taste | 미각 | 929 | apprise | 통지하다 |
| 905 | dine | 정찬을 들다 | 930 | ingredient | 성분 |
| 906 | grain | 낟알 | 931 | avowal | 솔직한 선언 |
| 907 | latent | 잠자는 | 932 | backyard | 뒤뜰 |
| 908 | cereal | 곡물 | 933 | neighbor | 이웃 |
| 909 | meal | 식사 | 934 | housing | 주택공급 |
| 910 | feast | 축제 | 935 | garage | 차고 |
| 911 | freeze | 얼다 | 936 | divulge | 폭로하다 |
| 912 | rotten | 썩은 | 937 | lodge | 오두막집 |
| 913 | lurk | 잠복하다 | 938 | decorate | 꾸미다 |
| 914 | protein | 단백질 | 939 | repair | 수리 |
| 915 | raw | 생, 날 것의 | 940 | fix | 고정, 붙이다 |
| 916 | beverage | 마실 것 | 941 | electricity | 전기 |
| 917 | absorb | 흡수하다 | 942 | elicit | 내놓다 |
| 918 | seclude | 감추다 | 943 | property | 재산 |
| 919 | spicy | 향긋한 | 944 | domestic | 가정의 |
| 920 | sour | 시큼한 | 945 | possess | 소유하다 |
| 921 | bitter | 모진, 쓴 | 946 | parking | 주차 |
| 922 | season | 계절 | 947 | enlighten | 계몽하다 |
| 923 | deliver | 인도하다, 배달하다 | 948 | mend | 수선하다 |
| 924 | stealthy | 은밀한 | 949 | swell | 부풀다 |
| 925 | swallow | 들이켜다, 삼키다 | 950 | inhabit | 살다 |

37

NEARCAPE BASIC WORDS 1000

| | WORDS | MEANING | | WORDS | MEANING |
|---|---|---|---|---|---|
| 951 | convenient | 편리한 | 976 | conform | 순응하다 |
| 952 | suburb | 교외 | 977 | patricide | 부친살해 |
| 953 | resident | 거주하는 | 978 | horde | 유목민의 무리 |
| 954 | manifest | 밝히다, 명백한 | 979 | drive out | 추방하다 |
| 955 | rural | 시골의 | 980 | expel | 쫓아내다 |
| 956 | flat | 편평한 | 981 | appropriate | 충당하다, 적절한 |
| 957 | furnish | 공급하다 | 982 | compatible | 조화된, 양립하는 |
| 958 | accommodate | ~에 편의를 도모하다 | 983 | nutrient | 영양분 |
| 959 | overt | 감추어져 있지 않은 | 984 | clear | 개간하다, 맑은 |
| 960 | estate | 토지 | 985 | agriculture | 농업 |
| 961 | accede | 찬성하다, 동의하다 | 986 | arable | 경작할 수 있는 |
| 962 | reliability | 확실성, 신뢰성 | 987 | compromise | 타협, 양보 |
| 963 | quote | 인용하다 | 988 | spook | 유령 |
| 964 | sparing back | 뛰어 물러나다 | 989 | haunt | 자주가다, 출몰하다 |
| 965 | rebound | 반향하다 | 990 | ectoplasm | 외형질 |
| 966 | accord | 조화 | 991 | pain | 아픔 |
| 967 | awful | 무서운 | 992 | disease | 병 |
| 968 | depress | 낙담시키다 | 993 | consistent | 모순이 없는 |
| 969 | selling point | 상품의 강조점 | 994 | suffer | 경험하다, 겪다 |
| 970 | run | 달리다 | 995 | sore | 아픈, 쑤시는 |
| 971 | compact | 협정, 밀집한 | 996 | cure | 치료 |
| 972 | careless | 부주의한 | 997 | operation | 작용 |
| 973 | practical | 실용적인 | 998 | correspond | 어울리다, 부합하다 |
| 974 | publicity | 널리 알려짐 | 999 | recover | 되찾다 |
| 975 | mythologic | 신화의 | 1000 | handicapped | 신체적 장애가 있는 |

181. (A) 요리점
     (B) 수수께끼
     (C) 생
     (D) 정찬을 들다
     (E) 낟알

182. (A) 들이켜다
     (B) 잠자는
     (C) 곡물
     (D) 맛
     (E) 수리

183. (A) 주차
     (B) 가정의
     (C) 식사
     (D) 내놓다
     (E) 얼다

184. (A) 썩은
     (B) 단백질
     (C) 소유하다
     (D) 마실 것
     (E) 감추다

185. (A) 향긋한
     (B) 시큼한
     (C) 잠복하다
     (D) 수선하다
     (E) 모진

186. (A) 계절
     (B) 인도하다
     (C) 주택공급
     (D) 은밀한
     (E) 식용에 적합한

187. (A) 채식주의자
     (B) 게걸스럽게 먹다
     (C) 통지하다
     (D) 미각
     (E) 뒤뜰

188. (A) 이웃
     (B) 차고
     (C) 폭로하다
     (D) 흡수하다
     (E) 오두막집

189. (A) 축제
     (B) 솔직한 선언
     (C) 꾸미다
     (D) 고정
     (E) 전기

190. (A) 재산
     (B) 알리다
     (C) 부풀다
     (D) 성분
     (E) 살다

191. (A) 편리한
(B) 순응하다
(C) 거주하는
(D) 달리다
(E) 상품의 강조점

192. (A) 편평한
(B) ~에 편의를 도모하다
(C) 유령
(D) 토지
(E) 찬성하다

193. (A) 확실성
(B) 뛰어 물러나다
(C) 아픈
(D) 어울리다
(E) 반향하다

194. (A) 조화
(B) 무서운
(C) 모순이 없는
(D) 낙담시키다
(E) 밝히다

195. (A) 협정
(B) 부주의한
(C) 작용
(D) 실용적인
(E) 널리 알려짐

196. (A) 부친살해
(B) 유목민의 무리
(C) 추방하다
(D) 시골의
(E) 충당하다

197. (A) 조화된
(B) 영양분
(C) 감추어져 있지 않은
(D) 개간하다
(E) 농업

198. (A) 경작할 수 있는
(B) 타협
(C) 자주가다
(D) 외형질
(E) 아픔

199. (A) 병
(B) 경험하다
(C) 인용하다
(D) 신화의
(E) 교외

200. (A) 공급하다
(B) 치료
(C) 쫓아내다
(D) 되찾다
(E) 신체적 장애가 있는

NEARCAPE BASIC WORDS 1050

| | WORDS | MEANING | | WORDS | MEANING |
|---|---|---|---|---|---|
| 1001 | heal | 고치다 | 1026 | ambulance | 야전병원, 구급차 |
| 1002 | fever | 열 | 1027 | cleavage | 분열 |
| 1003 | vital | 생명의 | 1028 | blind | 눈 먼 |
| 1004 | dovetail | ~과 들어맞다 | 1029 | feeble | 연약한 |
| 1005 | treat | 다루다 | 1030 | cough | 기침 |
| 1006 | fatigue | 피로 | 1031 | healthy | 건강한 |
| 1007 | remedy | 치료 | 1032 | pill | 환약 |
| 1008 | genetic | 발생의 | 1033 | discord | 충돌 |
| 1009 | reconcile | 조화시키다 | 1034 | pulse | 맥박 |
| 1010 | symptom | 징후 | 1035 | bandage | 붕대 |
| 1011 | relent | 성질이 순해지다 | 1036 | allergy | 알레르기 |
| 1012 | checkup | 검사 | 1037 | cancer | 암 |
| 1013 | endanger | 위태롭게 하다 | 1038 | discrepancy | 불일치 |
| 1014 | clinic | 임상강의, 진료소 | 1039 | inject | 주사하다 |
| 1015 | diagnose | 진단하다 | 1040 | measles | 홍역 |
| 1016 | altercation | 말다툼 | 1041 | gender | 성 |
| 1017 | deficient | 모자라는 | 1042 | clone | 영양계, 복제품 |
| 1018 | chronic | 만성의 | 1043 | prescribe | 규정하다 |
| 1019 | pharmacy | 조제술 | 1044 | dissent | 동의하지 않다 |
| 1020 | syndrome | 증후군 | 1045 | insurance | 보험 |
| 1021 | fat | 살찐 | 1046 | therapy | 치료 |
| 1022 | antagonize | 적대감을 일깨우다 | 1047 | longevity | 장수 |
| 1023 | tired | 피로한 | 1048 | invalid | 병약한 |
| 1024 | trouble | 고생 | 1049 | embroil | 분쟁에 휘말리게 하다 |
| 1025 | medicine | 약 | 1050 | vaccinate | 예방접종을 하다 |

NEARCAPE BASIC WORDS 1100

| | WORDS | MEANING | | WORDS | MEANING |
|---|---|---|---|---|---|
| 1051 | estrange | 적으로 만들다 | 1076 | swamp | 늪 |
| 1052 | origin | 기원 | 1077 | frigid | 추운 |
| 1053 | stream | 시내 | 1078 | wrangle | 화가 나서 다투다 |
| 1054 | protect | 보호 | 1079 | exploit | 공, 착취하다 |
| 1055 | surface | 표면 | 1080 | terminate | 끝내다 |
| 1056 | friction | 불일치, 마찰 | 1081 | climate | 기후 |
| 1057 | flood | 홍수 | 1082 | weather | 일기 |
| 1058 | adapt | 적합 시키다 | 1083 | storm | 폭풍우 |
| 1059 | drought | 가뭄 | 1084 | condiment | 조미료, 양념 |
| 1060 | evolve | 전개하다 | 1085 | breeze | 산들바람 |
| 1061 | horizon | 수평선 | 1086 | dew | 이슬 |
| 1062 | irreconcilable | 조화시킬 수 없는 | 1087 | temperature | 온도 |
| 1063 | effect | 결과 | 1088 | blow | 불다 |
| 1064 | moisture | 습기 | 1089 | devour | 게걸스럽게 먹다 |
| 1065 | dawn | 새벽 | 1090 | rainfall | 강우 |
| 1066 | wilderness | 황야 | 1091 | edible | 먹을 수 있는 |
| 1067 | litigation | 소송 | 1092 | forecast | 예상 |
| 1068 | plain | 분명한 | 1093 | predict | 예언하다 |
| 1069 | cliff | 낭떠러지 | 1094 | chilly | 차가운 |
| 1070 | artificial | 인공의 | 1095 | moderate | 삼가는 |
| 1071 | ecology | 생태학 | 1096 | glutton | 대식가 |
| 1072 | ecosystem | 생태계 | 1097 | atmosphere | 대기 |
| 1073 | at variance | 사이가 좋지 않은 | 1098 | shower | 소나기 |
| 1074 | strait | 해협 | 1099 | severe | 엄한 |
| 1075 | iceberg | 빙산 | 1100 | thermometer | 온도계 |

NEARCAPE BASIC WORDS TEST 1050

201.　(A) 고치다
　　　(B) 다루다
　　　(C) 피로
　　　(D) 분열
　　　(E) 만성의

202.　(A) 건강한
　　　(B) 생명의
　　　(C) 붕대
　　　(D) 조화시키다
　　　(E) 장수

203.　(A) 징후
　　　(B) 성질이 순해지다
　　　(C) 위태롭게 하다
　　　(D) 임상강의
　　　(E) 진단하다

204.　(A) 말다툼
　　　(B) 조제술
　　　(C) 증후군
　　　(D) 살찐
　　　(E) 적대감을 일깨우다

205.　(A) 피로한
　　　(B) 고생
　　　(C) 약
　　　(D) 야전병원
　　　(E) 모자라는

206.　(A) 연약한
　　　(B) 기침
　　　(C) 환약
　　　(D) 충돌
　　　(E) 암

207.　(A) 맥박
　　　(B) 발생의
　　　(C) 알레르기
　　　(D) 불일치
　　　(E) 열

208.　(A) 주사하다
　　　(B) 홍역
　　　(C) 치료
　　　(D) 성
　　　(E) 영양계

209.　(A) 규정하다
　　　(B) 검사
　　　(C) 동의하지 않다
　　　(D) 보험
　　　(E) ~과 들어맞다

210.　(A) 치료
　　　(B) 병약한
　　　(C) 분쟁에 휘말리게 하다
　　　(D) 눈 먼
　　　(E) 예방접종을 하다

NEARCAPE BASIC WORDS TEST 1100

211.　(A) 적으로 만들다
　　　(B) 표면
　　　(C) 시내
　　　(D) 보호
　　　(E) 예상

216.　(A) 해협
　　　(B) 빙산
　　　(C) 엄한
　　　(D) 추운
　　　(E) 공

212.　(A) 게걸스럽게 먹다
　　　(B) 홍수
　　　(C) 대식가
　　　(D) 새벽
　　　(E) 화가 나서 다투다

217.　(A) 끝내다
　　　(B) 일기
　　　(C) 폭풍우
　　　(D) 늪
　　　(E) 조화시킬 수 없는

213.　(A) 적합 시키다
　　　(B) 가뭄
　　　(C) 전개하다
　　　(D) 조미료, 양념
　　　(E) 수평선

218.　(A) 생태계
　　　(B) 이슬
　　　(C) 온도
　　　(D) 불다
　　　(E) 강우

214.　(A) 결과
　　　(B) 불일치, 마찰
　　　(C) 습기
　　　(D) 황야
　　　(E) 소송

219.　(A) 먹을 수 있는
　　　(B) 예언하다
　　　(C) 차가운
　　　(D) 산들바람
　　　(E) 기원

215.　(A) 낭떠러지
　　　(B) 인공의
　　　(C) 생태학
　　　(D) 분명한
　　　(E) 사이가 좋지 않은

220.　(A) 삼가는
　　　(B) 기후
　　　(C) 대기
　　　(D) 소나기
　　　(E) 온도계

NEARCAPE BASIC WORDS 1150

|  | WORDS | MEANING |  | WORDS | MEANING |
|---|---|---|---|---|---|
| 1101 | barometer | 기압계 | 1126 | distant | 먼 |
| 1102 | luscious | 즙이 많고 달콤한 | 1127 | avenue | 가로수길 |
| 1103 | typhoon | 태풍 | 1128 | province | 지방 |
| 1104 | blast | 한바탕의 바람 | 1129 | colossal | 엄청난 |
| 1105 | sultry | 무더운 | 1130 | equator | 적도 |
| 1106 | evaporate | 증발하다 | 1131 | commodious | 널찍한 |
| 1107 | palatable | 맛좋은 | 1132 | peninsula | 반도 |
| 1108 | misty | 안개 낀 | 1133 | ditch | 개천 |
| 1109 | vapor | 증기 | 1134 | territory | 영토 |
| 1110 | lightning | 번개 | 1135 | erupt | 분출하다 |
| 1111 | remote | 먼 | 1136 | gamut | 전역 |
| 1112 | earthquake | 지진 | 1137 | atlas | 지도책 |
| 1113 | slake | 갈증을 채우다 | 1138 | transform | 변형시키다 |
| 1114 | continent | 대륙 | 1139 | Antarctic | 남극의 |
| 1115 | geology | 지질학 | 1140 | Arctic | 북극의 |
| 1116 | indicate | 가르키다, 보이다 | 1141 | infinite | 무한한 |
| 1117 | plateau | 고원 | 1142 | fuel | 연료 |
| 1118 | succulent | 수분이 많은 | 1143 | recycle | ~을 재생 이용하다 |
| 1119 | narrow | 폭이 좁은 | 1144 | develop | 발전시키다 |
| 1120 | steep | 가파른 | 1145 | garbage | 쓰레기 |
| 1121 | desert | 사막 | 1146 | infinitesimal | 아주 작은 |
| 1122 | volcano | 화산 | 1147 | product | 산물 |
| 1123 | border | 테두리 | 1148 | waste | 헛되이 하다, 낭비하다 |
| 1124 | voracious | 게걸스럽게 먹는 | 1149 | charcoal | 숯, 목탄 |
| 1125 | altitude | 높이 | 1150 | decay | 썩다 |

NEARCAPE BASIC WORDS 1200

| | WORDS | MEANING | | WORDS | MEANING |
|---|---|---|---|---|---|
| 1151 | barren | 불모의 | 1176 | mineral | 광물 |
| 1152 | inflate | 확대하다 | 1177 | income | 수입 |
| 1153 | dispose | 배치하다 | 1178 | brand | 상표 |
| 1154 | contaminate | 오염하다 | 1179 | pittance | 하찮은 임금이나 수당 |
| 1155 | gasoline | 가솔린 | 1180 | poverty | 가난 |
| 1156 | petroleum | 석유 | 1181 | puny | 빈약한 |
| 1157 | inordinate | 과도한 | 1182 | credit | 신용 |
| 1158 | carbon | 탄소 | 1183 | valid | 근거가 확실한 |
| 1159 | cautious | 주의 깊은 | 1184 | soil | 흙 |
| 1160 | trash | 쓰레기 | 1185 | prosperity | 번영 |
| 1161 | dump | 내버리다 | 1186 | superabundance | 과잉 |
| 1162 | fossil | 화석 | 1187 | efficient | 능률적인 |
| 1163 | iota | 극소량 | 1188 | patent | 특허 |
| 1164 | crude | 가공하지 않은 | 1189 | ore | 광석 |
| 1165 | hydrogen | 수소 | 1190 | expend | 들이다 |
| 1166 | nitrogen | 질소 | 1191 | demand | 요구하다 |
| 1167 | spill | 엎지르다 | 1192 | debilitate | 약하게 하다 |
| 1168 | picayune | 사소한 | 1193 | annual | 일년의 |
| 1169 | ozone | 오존 | 1194 | purchase | 사다 |
| 1170 | deteriorate | 나쁘게 하다 | 1195 | potential | 잠재적인 |
| 1171 | economy | 절약 | 1196 | fair | 공평한 |
| 1172 | industry | 공업 | 1197 | decadent | 쇠퇴하는 |
| 1173 | exchange | 교환하다 | 1198 | supply | 공급하다 |
| 1174 | magnitude | 위대함 | 1199 | frugal | 검약한 |
| 1175 | accumulate | 모으다 | 1200 | withdraw | 움츠리다 |

NEARCAPE BASIC WORDS TEST 1150

221.
(A) 기압계
(B) 쓰레기
(C) 아주 작은
(D) 지방
(E) 북극의

226.
(A) 테두리
(B) 게걸스럽게 먹는
(C) 높이
(D) 가로수길
(E) 엄청난

222.
(A) 무더운
(B) 먼
(C) 증발하다
(D) 증기
(E) 한바탕의 바람

227.
(A) 적도
(B) 널찍한
(C) 개천
(D) 즙이 많고 달콤한
(E) 태풍

223.
(A) 먼
(B) 연료
(C) 지진
(D) 분출하다
(E) 갈증을 채우다

228.
(A) 영토
(B) 맛좋은
(C) 전역
(D) 지도책
(E) 변형시키다

224.
(A) 대륙
(B) 지질학
(C) 가르키다
(D) 고원
(E) 수분이 많은

229.
(A) 남극의
(B) 반도
(C) 폭이 좁은
(D) 무한한
(E) ~을 재생 이용하다

225.
(A) 산물
(B) 가파른
(C) 안개 낀
(D) 사막
(E) 화산

230.
(A) 발전시키다
(B) 헛되이 하다
(C) 번개
(D) 숯
(E) 썩다

NEARCAPE BASIC WORDS TEST 1200

231.	(A) 불모의
	(B) 위대함
	(C) 오존
	(D) 사소한
	(E) 배치하다

232.	(A) 가솔린
	(B) 과도한
	(C) 탄소
	(D) 오염하다
	(E) 주의 깊은

233.	(A) 하찮은 임금이나 수당
	(B) 쓰레기
	(C) 내버리다
	(D) 화석
	(E) 신용

234.	(A) 가공하지 않은
	(B) 질소
	(C) 엎지르다
	(D) 절약
	(E) 약하게 하다

235.	(A) 공업
	(B) 극소량
	(C) 교환하다
	(D) 쇠퇴하는
	(E) 모으다

236.	(A) 광물
	(B) 수입
	(C) 상표
	(D) 석유
	(E) 들이다

237.	(A) 가난
	(B) 확대하다
	(C) 빈약한
	(D) 근거가 확실한
	(E) 흙

238.	(A) 번영
	(B) 과잉
	(C) 능률적인
	(D) 광석
	(E) 요구하다

239.	(A) 일년 의
	(B) 사다
	(C) 잠재적인
	(D) 특허
	(E) 수소

240.	(A) 공평한
	(B) 공급하다
	(C) 검약한
	(D) 움츠리다
	(E) 나쁘게 하다

NEARCAPE BASIC WORDS 1250

| | WORDS | MEANING | | WORDS | MEANING |
|---|---|---|---|---|---|
| 1201 | receipt | 수령 | 1226 | incapacitate | 쓸모없게 만들다 |
| 1202 | excessive | 과도한 | 1227 | wealth | 재산 |
| 1203 | decrepit | 낡은 | 1228 | agriculture | 농업 |
| 1204 | mutual | 서로의 | 1229 | hay | 건초 |
| 1205 | worth | ~의 가치가 있는 | 1230 | auction | 경매 |
| 1206 | slump | 푹 떨어짐, 침체 | 1231 | fund | 자금 |
| 1207 | marine | 바다의 | 1232 | infirmity | 약함 |
| 1208 | dilapidated | 황폐된 | 1233 | budget | 예산 |
| 1209 | current | 통용하고 있는, 현재의 | 1234 | reform | 개혁하다 |
| 1210 | tendency | 경향 | 1235 | strike | 치다 |
| 1211 | management | 관리 | 1236 | ban | 금지 |
| 1212 | evaluate | 평가하다 | 1237 | bulwark | 성벽 |
| 1213 | wage | 임금 | 1238 | import | 수입하다 |
| 1214 | enervate | 약화시키다 | 1239 | meadow | 풀밭 |
| 1215 | machine | 기계 | 1240 | hire | 고용하다 |
| 1216 | harvest | 수확 | 1241 | commercial | 상업 |
| 1217 | loan | 대부 | 1242 | union | 결합 |
| 1218 | acquire | 손에 넣다 | 1243 | citadel | 성채 |
| 1219 | flimsy | 약한 | 1244 | bargain | 매매 |
| 1220 | expire | 끝나다 | 1245 | profit | 이익 |
| 1221 | frail | 약한 | 1246 | interest | 관심 |
| 1222 | provide | 주다 | 1247 | labor | 노동 |
| 1223 | utilize | 활용하다 | 1248 | cogent | 강요하는 |
| 1224 | claim | 요구하다, 주장하다 | 1249 | quantity | 양 |
| 1225 | consumption | 소비 | 1250 | afford | 여유가 있다 |

NEARCAPE BASIC WORDS 1300

| | WORDS | MEANING | | WORDS | MEANING |
|---|---|---|---|---|---|
| 1251 | enrich | 부유하게 만들다 | 1276 | offer | 제공하다 |
| 1252 | cheap | 싼 | 1277 | robust | 원기 왕성한 |
| 1253 | expensive | 돈이 드는, 비싼 | 1278 | estimate | 어림잡다 |
| 1254 | dynamic | 정력적인 | 1279 | livestock | 가축 |
| 1255 | surplus | 나머지 | 1280 | facility | 쉬움 |
| 1256 | mechanical | 기계적인 | 1281 | discharge | 짐을 부리다 |
| 1257 | invest | 투자하다 | 1282 | earn | 벌다 |
| 1258 | crop | 수확 | 1283 | tenacious | 굴복하지 않는 |
| 1259 | formidable | 극복하기 어려운 | 1284 | promote | 진전, 장려하다 |
| 1260 | burden | 무거운 짐, 부담 | 1285 | intensive | 강한 |
| 1261 | forte | 훌륭하게 할 수 있는 것 | 1286 | graze | 풀을 뜯어먹게 하다 |
| 1262 | trade | 매매 | 1287 | fishery | 어업 |
| 1263 | discount | 할인 | 1288 | vehement | 힘찬, 열렬한 |
| 1264 | cultivate | 갈다, 배양하다 | 1289 | enterprise | 기획, 기업 |
| 1265 | sow | 뿌리다 | 1290 | warehouse | 창고 |
| 1266 | impregnable | 정복이 불가능한 | 1291 | unemployment | 실업 |
| 1267 | supplement | 보충 | 1292 | inflation | 통화팽창 |
| 1268 | pasture | 목장 | 1293 | deflation | 통화수축 |
| 1269 | decrease | 감소 | 1294 | vigor | 힘 |
| 1270 | customer | 손님, 고객 | 1295 | own | 자기 자신의 |
| 1271 | customs | 관습 | 1296 | peasant | 농부 |
| 1272 | invigorate | 격려하다 | 1297 | barter | 물물교환하다 |
| 1273 | reward | 보수, 보답 | 1298 | tariff | 관세표, 관세 |
| 1274 | irrigate | 물을 대다 | 1299 | default | 태만, 기정값 |
| 1275 | expert | 숙달자, 전문가 | 1300 | structure | 구조 |

NEARCAPE BASIC WORDS TEST 1250

241. (A) 통용하고 있는
(B) 과도한
(C) 서로의
(D) ~의 가치가있는
(E) 바다의

242. (A) 경향
(B) 낡은
(C) 평가하다
(D) 요구하다
(E) 임금

243. (A) 관심
(B) 약화시키다
(C) 기계
(D) 수확
(E) 노동

244. (A) 대부
(B) 손에 넣다
(C) 약한
(D) 끝나다
(E) 매매

245. (A) 약한
(B) 주다
(C) 소비
(D) 취급
(E) 쓸모없게 만들다

246. (A) 재산
(B) 농업
(C) 폭 떨어짐
(D) 건초
(E) 경매

247. (A) 활용하다
(B) 자금
(C) 예산
(D) 개혁하다
(E) 치다

248. (A) 금지
(B) 성벽
(C) 수입하다
(D) 수령
(E) 풀밭

249. (A) 약함
(B) 고용하다
(C) 상업
(D) 성채
(E) 이익

250. (A) 황폐된
(B) 결합
(C) 강요하는
(D) 양
(E) 여유가 있다

51

NEARCAPE BASIC WORDS TEST 1300

251.  (A) 부유하게 만들다
      (B) 나머지
      (C) 굴복하지 않는
      (D) 기계적인
      (E) 보수

252.  (A) 풀을 뜯어먹게 하다
      (B) 강한
      (C) 투자하다
      (D) 수확
      (E) 팽창

253.  (A) 기획
      (B) 할인
      (C) 극복하기 어려운
      (D) 물물교환하다
      (E) 무거운 짐

254.  (A) 훌륭하게 할 수 있는 것
      (B) 매매
      (C) 갈다
      (D) 부리다
      (E) 정복이 불가능한

255.  (A) 보충
      (B) 정력적인
      (C) 목장
      (D) 감소
      (E) 싼

256.  (A) 손님
      (B) 관습
      (C) 격려하다
      (D) 농부
      (E) 태만

257.  (A) 숙달자
      (B) 제공하다
      (C) 원기 왕성한
      (D) 어림잡다
      (E) 가축

258.  (A) 쉬움
      (B) 짐을 부리다
      (C) 돈이 드는
      (D) 벌다
      (E) 물을 대다

259.  (A) 실업
      (B) 진전
      (C) 어업
      (D) 힘찬
      (E) 창고

260.  (A) 공기
      (B) 힘
      (C) 자기 자신의
      (D) 관세표
      (E) 구조

NEARCAPE BASIC WORDS 1350

| | WORDS | MEANING | | WORDS | MEANING |
|---|---|---|---|---|---|
| 1301 | heedless | 부주의한 | 1326 | cash | 현금 |
| 1302 | borrow | 빌리다, 꾸다 | 1327 | succeed | 성공하다 |
| 1303 | lend | 빌려주다 | 1328 | slovenly | 너절한 |
| 1304 | shortage | 부족 | 1329 | account | 계산 |
| 1305 | output | 산출 | 1330 | incentive | 자극적인 |
| 1306 | ignore | 무시하다 | 1331 | impact | 충돌 |
| 1307 | bill | 계산서 | 1332 | durable | 오래 견디는 |
| 1308 | fake | 위조하다 | 1333 | superfluous | 남는, 과잉의 |
| 1309 | refund | 반환 | 1334 | discreet | 현명하게 주의를 기울이는 |
| 1310 | retail | 소매 | 1335 | supervise | 관리하다 |
| 1311 | wholesale | 도매의 | 1336 | abundant | 풍부한 |
| 1312 | inadvertent | 조심성 없는 | 1337 | recall | 생각해내다 |
| 1313 | invaluable | 값을 헤아릴 수 없는 | 1338 | gather | 그러모으다 |
| 1314 | goods | 물건 | 1339 | heed | 유의하다 |
| 1315 | guarantee | 보증 | 1340 | client | 소송 의뢰인, 고객 |
| 1316 | genuine | 진짜의 | 1341 | meticulous | 꼼꼼한 |
| 1317 | neglect | 등한시하다 | 1342 | calculate | 계산하다 |
| 1318 | punctual | 시간을 엄수하는 | 1343 | authentic | 믿을만한, 인증된 |
| 1319 | prevail | 우세하다 | 1344 | duty-free | 관세가 없는 |
| 1320 | fail | 실패하다 | 1345 | transfer | 옮기다 |
| 1321 | belongings | 소유물 | 1346 | scrupulous | 양심적인 |
| 1322 | scarce | 부족한, 드문 | 1347 | discredit | 불신 |
| 1323 | remiss | 부주의한 | 1348 | sum | 총계 |
| 1324 | ensure | 책임지다 | 1349 | ownership | 소유자임 |
| 1325 | assure | 보증하다 | 1350 | treasury | 보물, 보고 |

NEARCAPE BASIC WORDS 1400

|  | WORDS | MEANING |  | WORDS | MEANING |
|---|---|---|---|---|---|
| 1351 | scrutinize | 검사하다 | 1376 | orbit | 궤도 |
| 1352 | space | 공간 | 1377 | gravitation | 중력 |
| 1353 | galaxy | 은하 | 1378 | commute | 매일 통근하다 |
| 1354 | cosmos | 우주 | 1379 | observatory | 천문 |
| 1355 | chaos | 혼돈 | 1380 | meteor | 유성 |
| 1356 | solicitude | 걱정 | 1381 | beast | 짐승 |
| 1357 | rotate | 회전하다,<br>교대하다 | 1382 | prey | 먹이 |
| 1358 | revolve | 회전하다,<br>자전하다 | 1383 | whale | 고래 |
| 1359 | astronaut | 우주비행사 | 1384 | denizen | 거주자 |
| 1360 | astronomy | 천문학 | 1385 | reptile | 파충류의 동물 |
| 1361 | radiant | 빛나는 | 1386 | hawk | 매 |
| 1362 | vigilance | 경계 | 1387 | bark | 짖다 |
| 1363 | precise | 정밀한 | 1388 | insect | 곤충 |
| 1364 | advance | 나아가게 하다 | 1389 | domicile | 주소 |
| 1365 | aircraft | 항공기 | 1390 | feather | 깃털 |
| 1366 | launch | 진수시키다 | 1391 | inmate | 수용자 |
| 1367 | wary | 주의하는 | 1392 | male | 남성의 |
| 1368 | comet | 혜성 | 1393 | herd | 떼 |
| 1369 | accurate | 정확한 | 1394 | mosquito | 모기 |
| 1370 | discover | 발견하다 | 1395 | lamb | 어린양 |
| 1371 | satellite | 위성 | 1396 | migrate | 이주하다 |
| 1372 | globe | 구, 지구 | 1397 | mammal | 포유동물 |
| 1373 | abroad | 해외에 | 1398 | alert | 방심 않는 |
| 1374 | solar | 태양의 | 1399 | specimen | 견본 |
| 1375 | lunar | 달의 | 1400 | roar | 으르렁거리다 |

NEARCAPE BASIC WORDS TEST 1350

261. (A) 부주의한
     (B) 부족
     (C) 산출
     (D) 무시하다
     (E) 자유로운

262. (A) 계산서
     (B) 불신
     (C) 소유물
     (D) 소매
     (E) 도매의

263. (A) 오래 견디는
     (B) 양심적인
     (C) 현명하게 주의를 기울이는
     (D) 값을 헤아릴 수 없는
     (E) 물건

264. (A) 보증
     (B) 진짜의
     (C) 등한시하다
     (D) 시간을 엄수하는
     (E) 우세하다

265. (A) 빌리다
     (B) 부족한
     (C) 부주의한
     (D) 책임지다
     (E) 보증하다

266. (A) 현금
     (B) 위조하다
     (C) 성공하다
     (D) 너절한
     (E) 자극적인

267. (A) 충돌
     (B) 남는
     (C) 관리하다
     (D) 풍부한
     (E) 생각해내다

268. (A) 그러모으다
     (B) 빌려주다
     (C) 유의하다
     (D) 계산
     (E) 소송 의뢰인

269. (A) 꼼꼼한
     (B) 계산하다
     (C) 믿을만한
     (D) 조심성 없는
     (E) 옮기다

270. (A) 총계
     (B) 소유자임
     (C) 실패하다
     (D) 반환
     (E) 보물

NEARCAPE BASIC WORDS TEST 1400

271.  (A) 검사하다
      (B) 공간
      (C) 은하
      (D) 고래
      (E) 혼돈

272.  (A) 중력
      (B) 걱정
      (C) 회전하다
      (D) 우주비행사
      (E) 우주

273.  (A) 짖다
      (B) 천문학
      (C) 빛나는
      (D) 경계
      (E) 이주하다

274.  (A) 정밀한
      (B) 매
      (C) 나아가게 하다
      (D) 항공기
      (E) 진수시키다

275.  (A) 혜성
      (B) 위성
      (C) 해외에
      (D) 태양의
      (E) 달의

276.  (A) 궤도
      (B) 매일 통근하다
      (C) 유성
      (D) 짐승
      (E) 거주자

277.  (A) 파충류의 동물
      (B) 곤충
      (C) 구
      (D) 깃털
      (E) 수용자

278.  (A) 남성의
      (B) 회전하다
      (C) 떼
      (D) 모기
      (E) 어린양

279.  (A) 정확한
      (B) 주소
      (C) 포유동물
      (D) 방심 않는
      (E) 천문

280.  (A) 견본
      (B) 주의하는
      (C) 발전하다
      (D) 먹이
      (E) 으르렁거리다

NEARCAPE BASIC WORDS 1450

|      | WORDS     | MEANING        |      | WORDS         | MEANING      |
|------|-----------|----------------|------|---------------|--------------|
| 1401 | bite      | 물다           | 1426 | cactus        | 선인장       |
| 1402 | native    | 토착민         | 1427 | trunk         | 줄기, 몸통   |
| 1403 | crocodile | 악어           | 1428 | thorn         | 가시         |
| 1404 | hatch     | 까다, 부화하다 | 1429 | infraction    | 범칙, 위반   |
| 1405 | lick      | 핥다           | 1430 | ripe          | 익은         |
| 1406 | shark     | 상어           | 1431 | insubordinate | 복종하지 않는 |
| 1407 | nomad     | 방랑자         | 1432 | vine          | 덩굴         |
| 1408 | flock     | 무리           | 1433 | botany        | 식물학       |
| 1409 | parasite  | 기생충         | 1434 | reproduce     | 재생하다     |
| 1410 | poultry   | 가금           | 1435 | shrub         | 키 작은 나무 |
| 1411 | blossom   | 꽃, 피다       | 1436 | insurgent     | 반란자       |
| 1412 | shade     | 그늘           | 1437 | weed          | 잡초         |
| 1413 | nomadic   | 방랑하는       | 1438 | fertilizer    | 거름         |
| 1414 | bud       | 싹             | 1439 | sterile       | 불모의       |
| 1415 | seed      | 종자           | 1440 | timber        | 재목         |
| 1416 | branch    | 가지           | 1441 | history       | 역사         |
| 1417 | bough     | 큰 가지        | 1442 | insurrection  | 반란         |
| 1418 | sojourn   | 일시적인 체류  | 1443 | empire        | 제국         |
| 1419 | bush      | 관목           | 1444 | primitive     | 원시의       |
| 1420 | wither    | 시들다         | 1445 | ancient       | 고대의       |
| 1421 | pollen    | 꽃가루         | 1446 | dynasty       | 왕조         |
| 1422 | peel      | 껍질을 벗기다  | 1447 | malcontent    | 반항자, 불만인 |
| 1423 | mushroom  | 버섯           | 1448 | era           | 기원, 시대   |
| 1424 | defiance  | 항의하려는 태도 | 1449 | epoch         | 시대         |
| 1425 | moss      | 이끼           | 1450 | period        | 기간         |

NEARCAPE BASIC WORDS 1500

| | WORDS | MEANING | | WORDS | MEANING |
|---|---|---|---|---|---|
| 1451 | modern | 현대의 | 1476 | allegiance | 헌신, 충성 |
| 1452 | archaeology | 고고학 | 1477 | truth | 진리 |
| 1453 | perverse | 완고한, 사악한 | 1478 | treasure | 보배 |
| 1454 | tribe | 부족, 종족 | 1479 | dig | 파다 |
| 1455 | slave | 노예 | 1480 | tale | 이야기 |
| 1456 | decade | 10년간 | 1481 | oath | 맹세 |
| 1457 | century | 1세기 | 1482 | defer | 정중하게 순응하다 |
| 1458 | sedition | 선동 | 1483 | trace | 자국을 밟다 |
| 1459 | monarch | 군주 | 1484 | track | 지나간 자국 |
| 1460 | medieval | 중고의, 중세의 | 1485 | vanish | 사라지다 |
| 1461 | memorial | 기념의 | 1486 | throne | 왕좌 |
| 1462 | contemporary | 동시대의 | 1487 | discipline | 통제하에 두다, 훈육 |
| 1463 | feudalism | 봉건제도 | 1488 | craft | 기능, 기교 |
| 1464 | transgress | 위반하다 | 1489 | temporary | 일시의 |
| 1465 | emigrate | 이주하다, 옮겨가다 | 1490 | suppress | 억압하다 |
| 1466 | immigrate | 이주하다, 옮겨오다 | 1491 | eternal | 영구, 영원한 |
| 1467 | antique | 고대의 | 1492 | decline | 기울다 |
| 1468 | rebel | 반역자 | 1493 | docile | 순종하는 |
| 1469 | trespass | 재산을 침해하다 | 1494 | amaze | 깜짝 놀라게 하다 |
| 1470 | subdue | 정복하다 | 1495 | flourish | 번영하다 |
| 1471 | acquiesce | 잠자코 따르다 | 1496 | thrive | 번창하다 |
| 1472 | tomb | 무덤 | 1497 | donate | 기증하다 |
| 1473 | weapon | 무기 | 1498 | meek | 유순한 |
| 1474 | castle | 성 | 1499 | momentary | 순간의 |
| 1475 | warrior | 전사 | 1500 | chronology | 연대학 |

NEARCAPE BASIC WORDS TEST 1450

281. (A) 물다
     (B) 악어
     (C) 거름
     (D) 왕조
     (E) 이끼

282. (A) 방랑자
     (B) 무리
     (C) 기생충
     (D) 반항자
     (E) 기원

283. (A) 가금
     (B) 꽃
     (C) 방랑하는
     (D) 싹
     (E) 종자

284. (A) 가지
     (B) 핥다
     (C) 재목
     (D) 큰 가지
     (E) 관목

285. (A) 시들다
     (B) 꽃가루
     (C) 껍질을 벗기다
     (D) 항의하려는 태도
     (E) 선인장

286. (A) 줄기
     (B) 버섯
     (C) 시대
     (D) 가시
     (E) 범칙

287. (A) 익은
     (B) 복종하지 않는
     (C) 덩굴
     (D) 식물학
     (E) 상어

288. (A) 재생하다
     (B) 토착민
     (C) 반란자
     (D) 잡초
     (E) 그늘

289. (A) 불모의
     (B) 역사
     (C) 반란
     (D) 제국
     (E) 까다

290. (A) 원시의
     (B) 고대의
     (C) 일시적인 체류
     (D) 키 작은 나무
     (E) 기간

NEARCAPE BASIC WORDS TEST 1500

291.
(A) 현대의
(B) 고고학
(C) 10년간
(D) 1세기
(E) 군주

292.
(A) 완고한
(B) 중고의
(C) 선동
(D) 사라지다
(E) 기념의

293.
(A) 노예
(B) 봉건제도
(C) 번영하다
(D) 위반하다
(E) 이주하다

294.
(A) 순간의
(B) 이주하다
(C) 통제하에 두다
(D) 고대의
(E) 깜짝 놀라게 하다

295.
(A) 반역자
(B) 재산을 침해하다
(C) 잠자코 따르다
(D) 정복하다
(E) 무덤

296.
(A) 무기
(B) 유순한
(C) 성
(D) 헌신
(E) 동시대의

297.
(A) 진리
(B) 보배
(C) 파다
(D) 이야기
(E) 맹세

298.
(A) 정중하게 순응하다
(B) 자국을 밟다
(C) 지나간 자국
(D) 왕좌
(E) 전사

299.
(A) 기능
(B) 일시의
(C) 억압하다
(D) 영구
(E) 기울다

300.
(A) 순종하는
(B) 번창하다
(C) 부족
(D) 기증하다
(E) 연대학

NEARCAPE BASIC WORDS 1550

| | WORDS | MEANING | | WORDS | MEANING |
|---|---|---|---|---|---|
| 1501 | politics | 정치 | 1526 | declare | 선언하다 |
| 1502 | government | 정부 | 1527 | banish | 추방하다 |
| 1503 | policy | 정책 | 1528 | protest | 항의하다 |
| 1504 | pliable | 복종하는 | 1529 | incipient | 시초의 |
| 1505 | vote | 투표 | 1530 | intermittent | 재발하는 |
| 1506 | elect | 선거하다 | 1531 | perennial | 부단한, 다년생 |
| 1507 | accept | 받아들이다 | 1532 | democracy | 민주주의 |
| 1508 | submit | 굴복하다 | 1533 | exception | 예외 |
| 1509 | announce | 알리다 | 1534 | dependence | 의지함 |
| 1510 | regulate | 조절하다 | 1535 | independence | 독립 |
| 1511 | candidate | 후보자 | 1536 | sporadic | 산발적인 |
| 1512 | conference | 회담 | 1537 | intend | ~할 작정이다 |
| 1513 | tractable | 유순한 | 1538 | resist | ~에 저항하다 |
| 1514 | treaty | 조약 | 1539 | security | 안전 |
| 1515 | chronic | 만성적인 | 1540 | party | 모임 |
| 1516 | unanimous | 만장일치의 | 1541 | official | 공무상의 |
| 1517 | amend | 개정하다 | 1542 | compulsory | 의무적인 |
| 1518 | parliament | 의회 | 1543 | assembly | 집회, 의회 |
| 1519 | concurrent | 동시의 | 1544 | stable | 안정된 |
| 1520 | dictator | 독재자 | 1545 | strategy | 용병학, 전략 |
| 1521 | tyranny | 포학, 폭정 | 1546 | abolish | 폐지 |
| 1522 | accord | 일치 | 1547 | entail | 수반하다 |
| 1523 | advocate | 옹호자 | 1548 | invade | 침입하다 |
| 1524 | reign | 치세 | 1549 | reconcile | 화해시키다 |
| 1525 | dawdle | 빈둥거리다 | 1550 | oppose | ~에 반대하다 |

NEARCAPE BASIC WORDS 1600

| | WORDS | MEANING | | WORDS | MEANING |
|---|---|---|---|---|---|
| 1551 | regime | 정권 | 1576 | necessitate | 필요로 하다 |
| 1552 | senator | 원로원 의원, 상원 의원 | 1577 | trial | 공판, 시도 |
| 1553 | essence | 핵심 | 1578 | justice | 정의 |
| 1554 | radical | 근본적인 | 1579 | convict | 유죄를 입증하다 |
| 1555 | session | 개회 중 | 1580 | summon | 소환하다 |
| 1556 | reject | 거절하다 | 1581 | clue | 실마리 |
| 1557 | nominate | 지명하다 | 1582 | oblige | 강요하다 |
| 1558 | gratuitous | 부당한, 무료의 | 1583 | enforce | 실시하다, 강요하다 |
| 1559 | neutral | 중립의 | 1584 | prove | 증명하다 |
| 1560 | recommend | 추천하다 | 1585 | violence | 격렬함 |
| 1561 | legislation | 입법 | 1586 | torture | 고문 |
| 1562 | deny | 부정하다 | 1587 | obviate | 피하다 |
| 1563 | order | 명령 | 1588 | compensate | ~에게 보상하다 |
| 1564 | imperative | 긴급한 | 1589 | supreme | 최고의 |
| 1565 | confess | 고백하다 | 1590 | suspend | 중지하다 |
| 1566 | jail | 교도소 | 1591 | crime | 죄 |
| 1567 | conscience | 양심 | 1592 | arrest | 체포하다 |
| 1568 | register | 기록부, 등록 | 1593 | prerequisite | 필수조건 |
| 1569 | incumbent | 의무적인 | 1594 | prison | 교도소 |
| 1570 | imprisonment | 투옥 | 1595 | rob | 강탈하다 |
| 1571 | indispensable | 필수적인 | 1596 | abuse | 남용하다 |
| 1572 | counsel | 의논, 권고 | 1597 | charge | 짐을 싣다, 고소하다 |
| 1573 | court | 안뜰, 법정 | 1598 | pressing | 시급한 |
| 1574 | lawsuit | 소송 | 1599 | fine | 훌륭한, 정제된 |
| 1575 | forbid | 금하다 | 1600 | confound | 혼동하다 |

NEARCAPE BASIC WORDS TEST 1550

301. (A) 정치
     (B) 조약
     (C) 투표
     (D) 선거하다
     (E) 받아들이다

302. (A) 굴복하다
     (B) 알리다
     (C) 조절하다
     (D) 후보자
     (E) 회담

303. (A) 의무
     (B) 만성적인
     (C) 만장일치의
     (D) 개정하다
     (E) 의회

304. (A) 동시의
     (B) 독재자
     (C) 정부
     (D) 침입하다
     (E) 일치

305. (A) 정책
     (B) 치세
     (C) 빈둥거리다
     (D) 선언하다
     (E) 추방하다

306. (A) 항의하다
     (B) 시초의
     (C) 화해시키다
     (D) 재발하는
     (E) 수반하다

307. (A) 민주주의
     (B) 의무적인
     (C) 예외
     (D) 의지함
     (E) 독립

308. (A) 산발적인
     (B) ~할 작정이다
     (C) ~에 저항하다
     (D) 안전
     (E) 포학

309. (A) 모임
     (B) 공무상의
     (C) 옹호자
     (D) 집회
     (E) 안정된

310. (A) 복종하는
     (B) 용병학
     (C) 부단한
     (D) 폐지
     (E) ~에 반대하다

63

NEARCAPE BASIC WORDS TEST 1600

311. (A) 정권
     (B) 원로원 의원
     (C) 필요로 하다
     (D) 격렬함
     (E) 근본적인

312. (A) 거절하다
     (B) 지명하다
     (C) 중립의
     (D) 추천하다
     (E) 입법

313. (A) 개회중
     (B) 부정하다
     (C) 명령
     (D) 긴급한
     (E) 고백하다

314. (A) 교도소
     (B) 양심
     (C) 최고의
     (D) 기록부
     (E) 의무적인

315. (A) 투옥
     (B) 필수적인
     (C) 금하다
     (D) 의논
     (E) 안뜰

316. (A) 강탈하다
     (B) 소송
     (C) 남용하다
     (D) 실시하다
     (E) 공판

317. (A) 정의
     (B) 소환하다
     (C) 실마리
     (D) 강요하다
     (E) 훌륭한

318. (A) 부당한
     (B) 증명하다
     (C) 고문
     (D) 없애다
     (E) ~에게 보상하다

319. (A) 중지하다
     (B) 죄
     (C) 체포하다
     (D) 유죄를 입증하다
     (E) 필수조건

320. (A) 교도소
     (B) 짐을 싣다
     (C) 시급한
     (D) 핵심
     (E) 혼동하다

NEARCAPE BASIC WORDS 1650

|  | WORDS | MEANING |  | WORDS | MEANING |
|---|---|---|---|---|---|
| 1601 | defend | 막다 | 1626 | feature | 얼굴의 생김새 |
| 1602 | innocent | 무구한 | 1627 | galore | 풍부한 |
| 1603 | violate | 어기다 | 1628 | correct | 옳은 |
| 1604 | civilian | 민간인 | 1629 | doubt | 의심 |
| 1605 | commit | 위임하다, 범하다 | 1630 | explain | 분명하게 하다 |
| 1606 | threaten | 협박하다 | 1631 | report | 보고하다 |
| 1607 | punishment | 벌 | 1632 | occasion | 경우 |
| 1608 | suicide | 자살 | 1633 | genuine | 참된 |
| 1609 | complicated | 복잡한 | 1634 | cause | 원인 |
| 1610 | legal | 법률의 | 1635 | quote | 인용하다 |
| 1611 | concur | 동의하다 | 1636 | assume | 취하다 |
| 1612 | suspect | ~이 아닌가 의심하다 | 1637 | briefing | 상황설명 |
| 1613 | sue | 고소하다 | 1638 | hostile | 적대적인 |
| 1614 | witness | 증언 | 1639 | magazine | 잡지 |
| 1615 | release | 풀어놓다 | 1640 | knowledge | 지식 |
| 1616 | digress | 벗어나다 | 1641 | audible | 들리는 |
| 1617 | sentence | 문장 | 1642 | situation | 위치 |
| 1618 | deprive | 박탈하다 | 1643 | oppress | 압박하다 |
| 1619 | imprison | 투옥하다 | 1644 | impatient | 초조한, 갈망하는 |
| 1620 | corrupt | 부정한 | 1645 | narrate | 말하다 |
| 1621 | communication | 전달 | 1646 | column | 기둥 |
| 1622 | fragile | 깨지기 쉬운 | 1647 | foresee | 예견하다 |
| 1623 | broadcast | 방송하다 | 1648 | instance | 실례 |
| 1624 | headline | 표제 | 1649 | inter | 매장하다 |
| 1625 | rapid | 빠른 | 1650 | censor | 검열관 |

NEARCAPE BASIC WORDS 1700

| | WORDS | MEANING | | WORDS | MEANING |
|---|---|---|---|---|---|
| 1651 | mitigate | 완화시키다 | 1676 | accelerate | 가속하다 |
| 1652 | traffic | 교통 | 1677 | vessel | 그릇 |
| 1653 | abroad | 외국으로 | 1678 | sober | 술 취하지 않은 |
| 1654 | vehicle | 탈것 | 1679 | sidewalk | 보도 |
| 1655 | subway | 지하철 | 1680 | pedestrian | 도보의 |
| 1656 | novice | 초보자 | 1681 | technology | 공업기술 |
| 1657 | fee | 요금 | 1682 | electronic | 전자의 |
| 1658 | district | 지역 | 1683 | method | 방법 |
| 1659 | flow | 흐르다 | 1684 | suffice | 적당하다 |
| 1660 | carriage | 탈것 | 1685 | occur | 일어나다 |
| 1661 | freight | 화물 | 1686 | compare | 비교하다 |
| 1662 | original | 원본 | 1687 | arrange | 배열하다 |
| 1663 | hasty | 급한 | 1688 | identify | 확인하다 |
| 1664 | passenger | 승객 | 1689 | forearm | 앞팔 |
| 1665 | voyage | 항해 | 1690 | navigate | 항행하다 |
| 1666 | wreck | 난파 | 1691 | forebear | 조상 |
| 1667 | rarity | 드문 것 | 1692 | reckon | 세다 |
| 1668 | carrier | 나르는 사람 | 1693 | liquid | 액체의 |
| 1669 | convey | 나르다, 전하다 | 1694 | costly | 값이 비싼 |
| 1670 | pavement | 포장도로 | 1695 | ample | 광대한 |
| 1671 | delay | 미루다 | 1696 | foreboding | 염려 |
| 1672 | crossroad | 교차로 | 1697 | biochemical | 생화학의 |
| 1673 | shrink | 움추리다 | 1698 | modify | 수정하다 |
| 1674 | wheel | 수레바퀴 | 1699 | melt | 녹다 |
| 1675 | signal | 신호 | 1700 | dissolve | 녹이다 |

NEARCAPE BASIC WORDS TEST 1650

321. (A) 막다
    (B) ~이 아닌가 의심하다
    (C) 무구한
    (D) 어기다
    (E) 풀어놓다

322. (A) 위임하다
    (B) 벌
    (C) 자살
    (D) 복잡한
    (E) 법률의

323. (A) 동의하다
    (B) 고소하다
    (C) 민간인
    (D) 증언
    (E) 벗어나다

324. (A) 빠른
    (B) 문장
    (C) 투옥하다
    (D) 부정한
    (E) 전달

325. (A) 깨지기 쉬운
    (B) 방송하다
    (C) 표제
    (D) 지식
    (E) 얼굴의 생김새

326. (A) 풍부한
    (B) 옳은
    (C) 의심
    (D) 분명하게하다
    (E) 보고하다

327. (A) 경우
    (B) 초조한, 갈망하는
    (C) 참된
    (D) 박탈하다
    (E) 원인

328. (A) 인용하다
    (B) 취하다
    (C) 상황설명
    (D) 적대적인
    (E) 잡지

329. (A) 매장하다
    (B) 들리는
    (C) 위치
    (D) 압박하다
    (E) 말하다

330. (A) 협박하다
    (B) 기둥
    (C) 예견하다
    (D) 실례
    (E) 검열관

331.   (A) 완화시키다
     (B) 교통
     (C) 그릇
     (D) 지하철
     (E) 화물

332.   (A) 초보자
     (B) 지역
     (C) 흐르다
     (D) 탈것
     (E) 탈것

333.   (A) 원본
     (B) 급한
     (C) 승객
     (D) 항해
     (E) 난파

334.   (A) 드문 것
     (B) 나르는 사람
     (C) 나르다
     (D) 포장 도로
     (E) 미루다

335.   (A) 교차로
     (B) 움추리다
     (C) 수레바퀴
     (D) 녹다
     (E) 신호

336.   (A) 가속하다
     (B) 생화학의
     (C) 요금
     (D) 값이 비싼
     (E) 보도

337.   (A) 도보의
     (B) 전자의
     (C) 방법
     (D) 적당하다
     (E) 일어나다

338.   (A) 비교하다
     (B) 배열하다
     (C) 확인하다
     (D) 공업기술
     (E) 앞팔

339.   (A) 항행하다
     (B) 조상
     (C) 외국으로
     (D) 액체의
     (E) 광대한

340.   (A) 염려
     (B) 술 취하지 않은
     (C) 세다
     (D) 수정하다
     (E) 녹이다

NEARCAPE BASIC WORDS 1750

|  | WORDS | MEANING |  | WORDS | MEANING |
|---|---|---|---|---|---|
| 1701 | atom | 원자 | 1726 | harsh | 거친 |
| 1702 | forefront | 전위, 최전선 | 1727 | chase | 쫓다 |
| 1703 | particle | 미립자 | 1728 | emerge | 나오다 |
| 1704 | impulse | 추진, 충격 | 1729 | foreword | 머리말 |
| 1705 | consequence | 결과 | 1730 | guess | 추측하다 |
| 1706 | friction | 마찰 | 1731 | misbelief | 잘못된 생각 |
| 1707 | foregoing | 선행하는 | 1732 | approximately | 대략 |
| 1708 | stir | 움직이다, 휘젓다 | 1733 | serious | 진지한 |
| 1709 | core | 응어리 | 1734 | rely | 의지하다 |
| 1710 | condense | 응축하다 | 1735 | nod | 끄덕이다 |
| 1711 | wipe | 닦다 | 1736 | misfire | 불발하다 |
| 1712 | dull | 무딘 | 1737 | cease | 그만두다 |
| 1713 | foremost | 첫번째의 | 1738 | notable | 주목할만한 |
| 1714 | idle | 게으름뱅이의 | 1739 | quit | 그치다 |
| 1715 | trifle | 하찮은 것 | 1740 | broaden | 넓어지다 |
| 1716 | continue | 계속하다 | 1741 | grab | 움켜잡다 |
| 1717 | wander | 헤매다 | 1742 | outgrow | ~보다 더 커지다 |
| 1718 | foreshadow | 예시하다 | 1743 | ability | 능력 |
| 1719 | assert | 단언하다 | 1744 | outlook | 조망 |
| 1720 | odd | 기수의 | 1745 | inspect | 조사하다 |
| 1721 | divide | 나누다 | 1746 | different | 다른 |
| 1722 | capture | 포획 | 1747 | outlast | 오래 살다 |
| 1723 | accustom | 익숙케 하다 | 1748 | appear | 나타나다 |
| 1724 | foresight | 신중, 선견지명 | 1749 | substitute | 대용하다 |
| 1725 | extinguish | 끄다 | 1750 | census | 인구조사 |

NEARCAPE BASIC WORDS 1800

| | WORDS | MEANING | | WORDS | MEANING |
|---|---|---|---|---|---|
| 1751 | population | 인구 | 1776 | undergraduate | 대학 재학생 |
| 1752 | justify | 옳다고 하다 | 1777 | dismay | 당황 |
| 1753 | overbearing | 건방진 | 1778 | entire | 전체의 |
| 1754 | upright | 직립한 | 1779 | hardship | 고난 |
| 1755 | vast | 광대한 | 1780 | inflict | 주다, 가하다 |
| 1756 | assault | 강습 | 1781 | morale | 사기, 도덕 |
| 1757 | distract | 빗가게 하다 | 1782 | upcoming | 가까운 장래에 있는 |
| 1758 | overconfident | 자신만만한 | 1783 | prior | 앞의 |
| 1759 | awake | 깨우다 | 1784 | enchant | 매혹하다 |
| 1760 | penetrate | 꿰뚫다 | 1785 | hateful | 미운 |
| 1761 | pierce | 꿰찌르다 | 1786 | monotonous | 단조로운 |
| 1762 | frequent | 자주 일어나는 | 1787 | upgrade | 향상시키다 |
| 1763 | utmost | 최대한도의 | 1788 | retreat | 재처리하다, 퇴각 |
| 1764 | unabridged | 줄이지 않은 | 1789 | entitle | 제목을 붙이다 |
| 1765 | burst | 파열하다 | 1790 | compatible | 양립하는 |
| 1766 | gradual | 단계적인 | 1791 | despise | 경멸하다 |
| 1767 | attest | 증명하다 | 1792 | indulge | 만족시키다, 탐닉하다 |
| 1768 | verge | 가장자리 | 1793 | withdrawal | 철수, 회수 |
| 1769 | unconcern | 무관심 | 1794 | flatter | 발림말하다 |
| 1770 | rigorous | 준엄한 | 1795 | clumsy | 솜씨 없는 |
| 1771 | underbrush | 관목 | 1796 | disregard | 무시하다 |
| 1772 | humiliate | 욕보이다 | 1797 | forcible | 억지로 시키는 |
| 1773 | immediately | 곧 | 1798 | withhold | 주지 않고 두다 |
| 1774 | common | 공통의 | 1799 | mislead | 그릇 인도하다 |
| 1775 | avert | 돌리다 | 1800 | peculiar | 독특한 |

NEARCAPE BASIC WORDS TEST 1750

341.   (A) 원자
     (B) 전위
     (C) 마찰
     (D) 계속하다
     (E) 미립자

342.   (A) 선행하는
     (B) 움직이다
     (C) 응어리
     (D) 응축하다
     (E) 그만두다

343.   (A) 닦다
     (B) 무딘
     (C) 첫 번째의
     (D) 게으름뱅이의
     (E) 머리말

344.   (A) 하찮은 것
     (B) 헤매다
     (C) 예시하다
     (D) 단언하다
     (E) 기수의

345.   (A) 나누다
     (B) 포획
     (C) 익숙케 하다
     (D) 신중
     (E) 끄다

346.   (A) 거친
     (B) 쫓다
     (C) 나타나다
     (D) 나오다
     (E) 추측하다

347.   (A) 잘못된 생각
     (B) 대략
     (C) 진지한
     (D) 의지하다
     (E) 끄덕이다

348.   (A) 다른
     (B) 주목할 만한
     (C) 추진
     (D) 그치다
     (E) 움켜잡다

349.   (A) ~보다 더 커지다
     (B) 능력
     (C) 조망
     (D) 조사하다
     (E) 오래 살다

350.   (A) 불발하다
     (B) 넓어지다
     (C) 결과
     (D) 대응하다
     (E) 인구조사

NEARCAPE BASIC WORDS TEST 1800

351.   (A) 인구
      (B) 옳다고 하다
      (C) 가까운 장래에 있는
      (D) 광대한
      (E) 최대한도의

352.   (A) 빗가게 하다
      (B) 자신만만한
      (C) 준엄한
      (D) 깨우다
      (E) 꿰뚫다

353.   (A) 꿰찌르다
      (B) 자주 일어나는
      (C) 파열하다
      (D) 그릇 인도하다
      (E) 증명하다

354.   (A) 건방진
      (B) 가장자리
      (C) 무관심
      (D) 관목
      (E) 욕보이다

355.   (A) 강습
      (B) 곧
      (C) 공통의
      (D) 돌리다
      (E) 대학 재학생

356.   (A) 당황
      (B) 고난
      (C) 주다
      (D) 사기
      (E) 억지로 시키는

357.   (A) 직립한
      (B) 앞의
      (C) 단계적인
      (D) 매혹하다
      (E) 미운

358.   (A) 단조로운
      (B) 향상시키다
      (C) 재처리하다
      (D) 주지 않고 두다
      (E) 제목을 붙이다

359.   (A) 양립하는
      (B) 경멸하다
      (C) 만족시키다
      (D) 철수
      (E) 발림말하다

360.   (A) 솜씨 없는
      (B) 무시하다
      (C) 줄이지 않은
      (D) 전체의
      (E) 독특한

NEARCAPE BASIC WORDS ANSWER SHEET

1회 - 50

| 1 | 2 | 3 | 4 | 5 | 6 | 7 | 8 | 9 | 10 |
|---|---|---|---|---|---|---|---|---|----|
| (A) | (C) | (E) | (B) | (C) | (A) | (D) | (E) | (C) | (D) |

2회- 100

| 11 | 12 | 13 | 14 | 15 | 16 | 17 | 18 | 19 | 20 |
|----|----|----|----|----|----|----|----|----|----|
| (B) | (D) | (C) | (A) | (C) | (D) | (E) | (B) | (A) | (E) |

3회 - 150

| 21 | 22 | 23 | 24 | 25 | 26 | 27 | 28 | 29 | 30 |
|----|----|----|----|----|----|----|----|----|----|
| (A) | (B) | (E) | (D) | (C) | (E) | (B) | (A) | (C) | (D) |

4회- 200

| 31 | 32 | 33 | 34 | 35 | 36 | 37 | 38 | 39 | 40 |
|----|----|----|----|----|----|----|----|----|----|
| (E) | (D) | (A) | (B) | (D) | (C) | (A) | (A) | (C) | (D) |

5회 - 250

| 41 | 42 | 43 | 44 | 45 | 46 | 47 | 48 | 49 | 50 |
|----|----|----|----|----|----|----|----|----|----|
| (B) | (E) | (A) | (B) | (C) | (D) | (E) | (A) | (D) | (C) |

6회 -300

| 51 | 52 | 53 | 54 | 55 | 56 | 57 | 58 | 59 | 60 |
|----|----|----|----|----|----|----|----|----|----|
| (C) | (E) | (C) | (A) | (B) | (D) | (E) | (B) | (B) | (C) |

7회 - 350

| 61 | 62 | 63 | 64 | 65 | 66 | 67 | 68 | 69 | 70 |
|----|----|----|----|----|----|----|----|----|----|
| (C) | (D) | (A) | (C) | (E) | (C) | (D) | (B) | (A) | (D) |

8회 -400

| 71 | 72 | 73 | 74 | 75 | 76 | 77 | 78 | 79 | 80 |
|----|----|----|----|----|----|----|----|----|----|
| (A) | (D) | (B) | (C) | (E) | (C) | (E) | (D) | (A) | (D) |

9회 - 450

| 81 | 82 | 83 | 84 | 85 | 86 | 87 | 88 | 89 | 90 |
|----|----|----|----|----|----|----|----|----|----|
| (B) | (D) | (A) | (A) | (D) | (D) | (C) | (E) | (D) | (B) |

10회 - 500

| 91 | 92 | 93 | 94 | 95 | 96 | 97 | 98 | 99 | 100 |
|----|----|----|----|----|----|----|----|----|----|
| (B) | (A) | (E) | (C) | (B) | (A) | (D) | (E) | (C) | (B) |

11회 - 550

| 101 | 102 | 103 | 104 | 105 | 106 | 107 | 108 | 109 | 110 |
|-----|-----|-----|-----|-----|-----|-----|-----|-----|-----|
| (D) | (B) | (A) | (C) | (C) | (E) | (D) | (A) | (B) | (E) |

12회 - 600

| 111 | 112 | 113 | 114 | 115 | 116 | 117 | 118 | 119 | 120 |
|-----|-----|-----|-----|-----|-----|-----|-----|-----|-----|
| (E) | (E) | (A) | (D) | (A) | (C) | (B) | (E) | (D) | (D) |

13회 - 650

| 121 | 122 | 123 | 124 | 125 | 126 | 127 | 128 | 129 | 130 |
|-----|-----|-----|-----|-----|-----|-----|-----|-----|-----|
| (E) | (E) | (C) | (B) | (D) | (A) | (C) | (B) | (E) | (A) |

14회 - 700

| 131 | 132 | 133 | 134 | 135 | 136 | 137 | 138 | 139 | 140 |
|-----|-----|-----|-----|-----|-----|-----|-----|-----|-----|
| (B) | (C) | (E) | (D) | (B) | (A) | (D) | (A) | (E) | (B) |

15회 - 750

| 141 | 142 | 143 | 144 | 145 | 146 | 147 | 148 | 149 | 150 |
|-----|-----|-----|-----|-----|-----|-----|-----|-----|-----|
| (D) | (B) | (C) | (A) | (D) | (C) | (B) | (A) | (E) | (B) |

16회 - 800

| 151 | 152 | 153 | 154 | 155 | 156 | 157 | 158 | 159 | 160 |
|-----|-----|-----|-----|-----|-----|-----|-----|-----|-----|
| (C) | (C) | (A) | (E) | (D) | (A) | (D) | (B) | (C) | (E) |

17회 - 850

| 161 | 162 | 163 | 164 | 165 | 166 | 167 | 168 | 169 | 170 |
|-----|-----|-----|-----|-----|-----|-----|-----|-----|-----|
| (E) | (A) | (A) | (B) | (C) | (D) | (E) | (C) | (B) | (A) |

18회 - 900

| 171 | 172 | 173 | 174 | 175 | 176 | 177 | 178 | 179 | 180 |
|-----|-----|-----|-----|-----|-----|-----|-----|-----|-----|
| (A) | (D) | (C) | (B) | (A) | (E) | (C) | (A) | (C) | (D) |

19회 - 950

| 181 | 182 | 183 | 184 | 185 | 186 | 187 | 188 | 189 | 190 |
|-----|-----|-----|-----|-----|-----|-----|-----|-----|-----|
| (C) | (B) | (A) | (C) | (D) | (C) | (A) | (B) | (D) | (B) |

20회 - 1000

| 191 | 192 | 193 | 194 | 195 | 196 | 197 | 198 | 199 | 200 |
|-----|-----|-----|-----|-----|-----|-----|-----|-----|-----|
| (E) | (D) | (C) | (A) | (D) | (C) | (B) | (B) | (A) | (E) |

21회 - 1050

| 201 | 202 | 203 | 204 | 205 | 206 | 207 | 208 | 209 | 210 |
|-----|-----|-----|-----|-----|-----|-----|-----|-----|-----|
| (D) | (B) | (E) | (C) | (C) | (B) | (A) | (B) | (B) | (C) |

22회 - 1100

| 211 | 212 | 213 | 214 | 215 | 216 | 217 | 218 | 219 | 220 |
|-----|-----|-----|-----|-----|-----|-----|-----|-----|-----|
| (E) | (C) | (B) | (C) | (B) | (A) | (E) | (C) | (B) | (D) |

23회 - 1150

| 221 | 222 | 223 | 224 | 225 | 226 | 227 | 228 | 229 | 230 |
|-----|-----|-----|-----|-----|-----|-----|-----|-----|-----|
| (C) | (C) | (D) | (B) | (A) | (E) | (B) | (A) | (E) | (C) |

24회 - 1200

| 231 | 232 | 233 | 234 | 235 | 236 | 237 | 238 | 239 | 240 |
|-----|-----|-----|-----|-----|-----|-----|-----|-----|-----|
| (A) | (D) | (A) | (C) | (D) | (A) | (D) | (B) | (D) | (A) |

25회 - 1250

| 241 | 242 | 243 | 244 | 245 | 246 | 247 | 248 | 249 | 250 |
|-----|-----|-----|-----|-----|-----|-----|-----|-----|-----|
| (E) | (C) | (B) | (C) | (E) | (B) | (A) | (B) | (D) | (A) |

26회 - 1300

| 251 | 252 | 253 | 254 | 255 | 256 | 257 | 258 | 259 | 260 |
|-----|-----|-----|-----|-----|-----|-----|-----|-----|-----|
| (C) | (D) | (D) | (E) | (B) | (C) | (E) | (A) | (D) | (A) |

27회 - 1350

| 261 | 262 | 263 | 264 | 265 | 266 | 267 | 268 | 269 | 270 |
|-----|-----|-----|-----|-----|-----|-----|-----|-----|-----|
| (E) | (B) | (A) | (C) | (D) | (B) | (D) | (A) | (A) | (A) |

28회 - 1400

| 271 | 272 | 273 | 274 | 275 | 276 | 277 | 278 | 279 | 280 |
|-----|-----|-----|-----|-----|-----|-----|-----|-----|-----|
| (E) | (B) | (C) | (A) | (E) | (C) | (A) | (B) | (D) | (B) |

29회 - 1450

| 281 | 282 | 283 | 284 | 285 | 286 | 287 | 288 | 289 | 290 |
|-----|-----|-----|-----|-----|-----|-----|-----|-----|-----|
| (D) | (A) | (A) | (C) | (B) | (C) | (B) | (E) | (A) | (C) |

30회 - 1500

| 291 | 292 | 293 | 294 | 295 | 296 | 297 | 298 | 299 | 300 |
|-----|-----|-----|-----|-----|-----|-----|-----|-----|-----|
| (B) | (A) | (D) | (D) | (B) | (E) | (E) | (C) | (C) | (A) |

31회 - 1550

| 301 | 302 | 303 | 304 | 305 | 306 | 307 | 308 | 309 | 310 |
|-----|-----|-----|-----|-----|-----|-----|-----|-----|-----|
| (B) | (D) | (C) | (E) | (C) | (E) | (A) | (A) | (C) | (E) |

32회 - 1600

| 311 | 312 | 313 | 314 | 315 | 316 | 317 | 318 | 319 | 320 |
|-----|-----|-----|-----|-----|-----|-----|-----|-----|-----|
| (E) | (C) | (D) | (C) | (A) | (E) | (D) | (A) | (E) | (C) |

33회 - 1650

| 321 | 322 | 323 | 324 | 325 | 326 | 327 | 328 | 329 | 330 |
|-----|-----|-----|-----|-----|-----|-----|-----|-----|-----|
| (B) | (E) | (B) | (A) | (C) | (A) | (D) | (D) | (E) | (C) |

34회 - 1700

| 331 | 332 | 333 | 334 | 335 | 336 | 337 | 338 | 339 | 340 |
|-----|-----|-----|-----|-----|-----|-----|-----|-----|-----|
| (A) | (B) | (D) | (E) | (B) | (C) | (A) | (B) | (C) | (E) |

35회 - 1750

| 341 | 342 | 343 | 344 | 345 | 346 | 347 | 348 | 349 | 350 |
|-----|-----|-----|-----|-----|-----|-----|-----|-----|-----|
| (E) | (D) | (B) | (C) | (A) | (B) | (E) | (E) | (C) | (D) |

36회 - 1800

| 351 | 352 | 353 | 354 | 355 | 356 | 357 | 358 | 359 | 360 |
|-----|-----|-----|-----|-----|-----|-----|-----|-----|-----|
| (C) | (B) | (D) | (A) | (E) | (B) | (D) | (A) | (B) | (C) |